»Die Kunst des Kochens ist die älteste aller Künste,
denn Adam trat mit nüchternem Magen ins Leben.«

Jean Anthelme Brillat-Savarin

1

Die letzten Gäste waren gerade gegangen. Leicht angesäuselt entschwand ein Paar um die fünfzig mit langsamen Schritten in der Nacht. Zu dieser vorgerückten Stunde, zu der Lyon in verschwommenes Licht getaucht war, ließ Jérôme Thévenay die Tür mit einem kräftigen Knall zufallen, ehe er sie verriegelte und das Metallrollo herunterzog. Nun war das Restaurant *Petit Pouce* von der Straße aus nicht mehr einsehbar.

Er schaltete die Kaffeemaschine aus, wischte über die Theke, verkorkte eine Flasche Grand Marnier, räumte die vom Spülmaschinendampf noch warmen Weingläser ins Regal und warf rasch einen Blick in die Küche. Alles machte einen einwandfreien Eindruck.

Die Arbeitsflächen aus Edelstahl waren sauber, die Töpfe aufgehängt, die Arbeitsplatte war leer geräumt, der Herd gescheuert, der Boden gewischt. Wie gewöhnlich hatte Toinou seine Schicht beendet, ohne etwas herumliegen zu lassen.

Mit einem alten, karierten, ausgefransten Geschirrtuch wischte Jérôme die Schiefertafel ab, nahm dann ein Stück weiße Kreide und schrieb mit geschwungenen Buchstaben das Menü des nächsten Tages darauf:

Cervelas pistaché en brioche
(Cervelatwurst mit Pistazien in Hefeteig)
oder
Œufs cocotte aux écrevisses (Ofen-Eier mit Gambas)
~
Tripes à la lyonnaise (Kutteln nach Lyoner Art)
oder
Foie de veau en persillade (Kalbsleber in Kräutersauce)
~
Œufs à la neige (Schnee-Eier)
oder
Tarte au potiron (Kürbistarte)

Tagesgericht mit Vorspeise und Nachtisch, dazu ein Glas Beaujolais und einen Kaffee: ein Preis, Bedienung inklusive. Er las es mehrmals durch. Nichts war unverdaulicher als ein Schreibfehler. Er hatte schon beobachtet, wie Gäste wegen eines ausgelassenen Doppelkonsonanten oder eines gewagten Plurals den Appetit verloren hatten.

Er stellte die Schiefertafel auf die Staffelei und setzte sich auf einen Barhocker vor die Kasse. Die Einnahmen waren in Ordnung. Für einen Abend unter der Woche konnte man sich nicht beschweren. Wenig Leute, aber genügend Bestellungen à la carte für eine angemessene Gewinnspanne. Er ordnete die Kassenbons, rechnete zweimal die Gesamtsumme aus, wofür er die Zahlen mit einem Finger eintippte, und übertrug die Summe dann in sein Buchhaltungsheft. Er musste daran denken, drei Kisten

Saint-Amour zu bestellen, der durfte ihm auf keinen Fall ausgehen, und in der Markthalle vorbeizuschauen, um sich bei *La Mère Richard* mit Saint-Marcellin-Käse einzudecken.

Er ging seine Berechnungen erneut durch, kontrollierte seinen Steuerbetrag und vermerkte die Einkäufe in einer Spalte. Versunken in die Prüfung seiner Zahlen, hörte er nicht, dass jemand hereinkam, nahm kaum einen flüchtigen Schatten wahr. Nicht einmal Zeit, sich umzudrehen. Und dann, Dunkelheit.

Als er zu sich kam, brauchte er einen Moment, und dann verstand er. Kalte Fliesen, stechender Schmerz am Hinterkopf, Arme auf dem Rücken, gefesselte Handgelenke, zusammengebundene Fußgelenke, zugeklebter Mund... eisige Dunkelheit... Enge im Hals, zugeschnürte Kehle... Ringen, robben, schreien...! Luft...! Er dachte an seine Frau und seine Kinder... Luft...! Trockene Lippen, geschwollene Zunge... schreien!... Luft...! Abgehackte Atmung, trockene Nase, brennende Augen... Luft...! Ruhig! Bloß nicht bewegen...! Hämmerndes Herz, pochende Schläfen... wieder dachte er an seine Frau und seine Kinder... Luft...! Luft...! Ein letztes Zucken, ein letzter stummer Schrei. Und dann, weißes Licht.

2

Man war schon nicht mehr auf dem Land und noch nicht ganz in der Stadt. Ein paar rauchende Schornsteine verdüsterten das blasse Grau des Himmels. Hier und da waren Einkaufszentren inmitten von Siedlungen mit Einfamilienhäusern auszumachen, Gruppen von Mietshäusern, verstreut zwischen Lagerhallen. Nach und nach verschwand die Natur. In weniger als zehn Minuten würde der TGV im Bahnhof Lyon Part-Dieu halten und die Horde Reisender ausspucken, die vom einschläfernden Rhythmus noch ganz benommen waren. Gleich nach dem Aussteigen würden die Führungskräfte eine dynamische Haltung annehmen, die Firmenchefs das Kinn recken, die Geschäftsfrauen ihre Kostüme glattstreichen und die Rentner sich geschäftig geben. Der morgendliche Pendelzug zwischen Paris und Lyon beförderte nur selten angeheiterte Touristen und noch seltener kinderreiche Familien. Es war die Stunde der Arbeit, des sozialen Aufstiegs.

Je stärker der Zug gedrosselt wurde, umso größer wurde die wortlose Hektik im Waggon. Jeder sammelte seine Sachen ein, klappte das Tischchen hoch, den Computer zu oder beendete noch schnell die Lektüre einer Zeitschrift.

Paco Alvarez stand auf, ließ die steifen Schultern kreisen und holte seine Ausrüstung aus der Gepäckablage gleich neben der Abteiltür. Mit seinem tarnfarbenen Parka, dem Dreitagebart, der Jeans und den Cowboystiefeln hatte er das Gefühl, etwas aus dem Rahmen zu fallen. Ein Mann im anthrazitfarbenen Dreiteiler starrte missbilligend in seine Richtung. Paco lächelte ihn entwaffnend unschuldig an. Dann schnappte er sich seinen Rucksack mit den Fotoapparaten und den drei tragbaren Scheinwerfern, schulterte eine Tasche mit einem Dutzend Objektiven und griff nach dem langen, weichen Etui mit dem Stativ und dem weißen Studioschirm. Als Letztes folgte ein Rollkoffer, in den er ein paar Klamotten geworfen hatte, um den Computer zu schützen. So betrat er den noch leeren Vorraum. Er war lieber vorausschauend, wollte den Durchgang nicht kurz vorm Aussteigen blockieren.

Laure Grenadier war sitzen geblieben und überarbeitete noch den Korrekturabzug eines Beitrags über Kochen mit dem Wok. Wie immer würde sie als Letzte aussteigen, das Gedränge meiden. Paco lehnte die Stirn an die Scheibe und seufzte, er genoss diesen Moment des Alleinseins vor dem großen Tumult. Ohne sich dessen bewusst zu sein, hatte Laure ihn mit ihren nicht enden wollenden Erklärungen über die Einzigartigkeit der Traditionen Lyons ermüdet.

Er war auf die unglückliche Idee gekommen, ihr sein Unwissen zu gestehen, und daraufhin war sie mit dieser gleichermaßen lyrischen wie methodischen Leidenschaft ins Schwärmen geraten, die ihre Augen immer zum Leuchten brachte. Jetzt verstand er besser, warum Laure, eine anerkannte Gastronomiekritikerin, als Meisterin ihres Fachs galt und sich die Sporen als Chefredakteurin der Zeitschrift *Plaisirs de table* so glanzvoll verdient hatte. Anhand der Speisekarte hatte sie ihm einige Spezialitäten der Stadt erklärt, und als er sie nach der Bedeutung des Wortes »Bouchon« fragte, beschrieb sie die gemütliche und verrauchte Atmosphäre der Gasthäuser von einst.

»Wurde da so viel getrunken, dass sie immer die *bouchons*, die Korken, knallen ließen?«, fragte Paco.

»Die Theorie passt zu dir!«, antwortete Laure schmunzelnd. »Fehlanzeige! Um Beaujolais geht es hier gar nicht... Entgegen dem, was man manchmal hört, stammt diese Bezeichnung auch nicht vom Verb *bouchonner*. Das beschreibt, dass die Pferde der Gäste dort früher mit Stroh abgerieben wurden...«

»Also weiß keiner wirklich, woher das Wort kommt?«

»Es gibt Vermutungen... Aller Wahrscheinlichkeit nach machten die Wirte ihre Gasthöfe dadurch kenntlich, dass sie ein paar Zweige an ihre Tür hängten... Im Lauf der Zeit reichte dieses kranzförmige Reisigbündel aus, um auf Weinstuben mit gutem Essen hinzuweisen.«

Danach ließ Laure sich über die typischen Gerichte aus, und bei manchen lief dem Fotografen allein durch die Erwähnung des Namens das Wasser im Mund zusammen: *tablier de sapeur* – frittierte Innereien, *cardons à la moelle* – Kardonen-Gemüse mit Markknochen oder *cer-*

velles de canut – Quark-Ziegenkäse-Dip. Paco stammte aus einem Madrider Vorort, war erst mit zwanzig nach Paris gekommen und ganz überwältigt von der Reichhaltigkeit der französischen Küche. Er, der mit deftigem *cocido* – spanischem Eintopf, einfachen Reisgerichten und schnell zubereiteten *bocadillos* – Sandwiches aufgewachsen war, staunte immer wieder über die Palette der Produkte, die Vielfalt der Gerichte und die Bedeutung, die man den Tafelfreuden in Frankreich beimaß. Die Reportage in Lyon versprach die eine oder andere Entdeckung, und er wollte sich nichts davon entgehen lassen. Vielmehr wollte er alles probieren, was aufgetischt würde, auch auf die Gefahr hin, seine ohnehin bereits füllige Silhouette damit noch um das ein oder andere Kilo anzureichern.

Der Zug blieb schließlich stehen, und er sprang als Erster auf den Bahnsteig. Wie erwartet zogen alle Passagiere des Abteils an ihm vorbei, ehe Laure in der Tür auftauchte. Pullover und Schal aus Kaschmir, dünne taillierte Lederjacke, eng anliegende Jeans und zierliche, hochhackige Stiefeletten, alles in den Tönen Grau, Schwarz und Taupe. Kein Zweifel, Laure Grenadier war eindeutig eine Pariserin. Neben ihr hatte der Fotograf das Gefühl, als komme er aus einer anderen Welt, auch wenn Laure noch keine Äußerung in dieser Richtung hatte verlauten lassen.

Nachdem sie ihr Gepäck durch das betonierte Gewölbe des Bahnhofs gezogen hatten, kamen sie auf den Vorplatz und gingen nach links zum Taxistand. Sie mussten einige Minuten warten, ehe endlich ein Taxi auftauchte.

Im Schritttempo und trotz herbstlicher Frische mit heruntergelassenem Fenster ging es schließlich mit einem alten, glatzköpfigen Fahrer in nervtötender Gemächlichkeit voran. Der örtliche Radiosender übertrug schmalzige Schnulzen eines jungen Musicalsängers, der ganz darin aufging. Sie fuhren durch das düstere und verwinkelte Viertel von Part-Dieu, überquerten die Rhône und erreichten die Halbinsel, die zur Saône führte. In der Nähe des Quai des Célestins ließen die Kurznachrichten sie aufschrecken. Der Fahrer wurde aus seiner Lethargie gerissen und beschleunigte, als hätte die Realität ihn eingeholt. Bei Caluire kündigte man einen Stau an, im Confluence-Viertel einen Streik, der den Cours Charlemagne blockieren könnte. Es folgte ein kurzes Interview des Operndirektors, der das Konzert des Abends präsentierte, ein paar Empfehlungen, wie man Halloween feiern konnte, ohne einem Alkoholtest unterzogen zu werden, und die Wettervorhersage des Tages für die Region Rhône-Alpes. Zum Schluss, nach kurzem Zögern, dem Einsetzen eines Jingles, der sogleich unterbrochen wurde, fuhr der Moderator fort:

»Soeben ereilt uns eine tragische Nachricht: Jérôme Thévenay, Besitzer des *Petit Pouce*, eines bekannten Bouchon in der Rue Saint-Jean, ist von einem seiner Mitarbeiter tot aufgefunden worden. Einige Quellen behaupten, es handle sich um Raubmord, da die Einnahmen entwendet wurden. Die Kriminalpolizei ist vor Ort. Mehr Informationen liegen uns momentan nicht vor, aber natürlich werden wir in den nächsten Nachrichten von diesem schrecklichen Ereignis berichten.«

»Nein... nein...!«, Laure rang nach Worten. »Das ist nicht...«

Der Fotograf ergriff ihre Hand und drückte sie sanft. Er traute sich nicht, etwas zu sagen, doch als sie anfing zu schluchzen, umschloss er ihre Hand etwas fester und fragte:

»Kanntest du ihn?«

3

Leuchtend rotes Absperrband blockierte die Einfahrt zur Rue Saint-Jean, und grelles Blaulicht streifte die umliegenden Häuserfronten. Eine dicht gedrängte Menge, erfüllt von diffuser Betroffenheit, hatte sich auf der Place du Change versammelt. Laure und Paco versuchten, sich einen Weg durch die Menge zu bahnen. Doch nach wenigen Metern gab es kein Vorankommen mehr. Vor den uniformierten Polizisten, die damit betraut waren, die Passanten mit ihrer morbiden Neugier zurückzuhalten, fanden zusammenhanglose Unterhaltungen statt. Keiner wusste Genaues, aber alle meinten, das Geschehen kommentieren zu müssen. Der eine war überzeugt, dass ein Gast das Lokal zunächst ausgekundschaftet hatte, bevor er zur Tat geschritten war, ein anderer sprach von einem vermeintlichen Streit zwischen den Gastwirten des Viertels, manche brachten eine Gruppe rumänischer Bettler ins Gespräch, wagten aber nicht, zu sehr darauf zu beharren, und eine kleine Frau in einer Strickweste fand Gefallen an der Idee einer Affäre, die schlimm geendet hatte.

Laure wurde ganz übel. Sie fasste nach dem Arm des Fotografen, damit sie wieder umkehrten. Es hatte keinen

Zweck, hierzubleiben und sich das Geschwätz der Menge anzuhören. Gerade als sie im Begriff waren, sich auf den Rückweg zum Hotel zu machen, nahm die Journalistin eine vertraute Gestalt wahr, die an einem Absperrgitter entlangschlich, um sich in Richtung Rue de la Loge wegzustehlen.

»Toinou?«, murmelte sie mit zusammengekniffenen Augen, ehe sie mit fester Stimme rief: »Toinou!«

Der Kopf des Mannes schnellte herum, er wirkte gehetzt. Dann blieb er stehen, musterte Laure, zeigte sich nicht im Geringsten überrascht und wartete an der Ecke, bis die Journalistin und der Fotograf zu ihm aufschlossen.

»Habe ich mich so verändert?«, fragte Laure besorgt. »Erkennst du mich noch?«

»Natürlich«, brummelte Toinou und warf einen Blick über die Schulter.

»Sollen wir woanders hingehen?«

»Ja, weg von hier.«

Noch während sie sich von dem Gewühl fortbewegten, stellte ihm die junge Frau Paco vor, dessen zum Gruß ausgestreckte Hand unbeachtet in der Luft hängen blieb. Antoine Masperas, Toinou genannt, begnügte sich mit einem kurzen Nicken. Er hatte eine ramponierte Visage, die plattgedrückte Nase derer, die Schläge ausgeteilt und eingesteckt haben, eingefallene Wangen und den sorgenvollen Blick eines unterernährten Kindes. Schon lange kannte die Gastronomiekritikerin diesen Küchengehilfen, der Jérôme Thévenays Vertrauen genoss. Zwar hatte sie den Kontakt zu ihm nie vertieft, doch schon immer war sie diesem ungeschliffenen, einsilbigen und sensiblen Mann mit Achtung begegnet, den Narben von einem Dutzend Jahren in der Fremdenlegion zeichneten. Er war herumgekommen, hatte Elend erlebt und nackte Angst kennengelernt. Völlig ausgebrannt hatte er schließlich die Fremdenlegion verlassen und sich wieder zu Hause herumgetrieben, gleich hier um die Ecke, beim Anstieg des Hügels, der zum Fort Saint-Jean hinaufführte. Ehe er in der Küche des *Petit Pouce* arbeitete, hatten ihm mehrere prekäre Gelegenheitsjobs als Lagerarbeiter oder Tellerwäscher erlaubt, sich über Wasser zu halten und wieder an ein halbwegs normales Leben anzuknüpfen.

»Wir haben die Nachricht im Radio gehört«, sagte Laure. »Was ist denn passiert?«

»Ich hab die Bullen angerufen«, schniefte Toinou.

»Du warst der Erste vor Ort?«

»Um zehn Uhr, für die Mise en Place, wie immer.«

»Wie entsetzlich!«

»Ich hab schon Leichen gesehen, und nicht wenige… Aber das ist was anderes… er war mein Freund!«

Toinou presste die Kiefer aufeinander. Seine Augen blieben trocken, aber man sah seinem angespannten Gesicht die aufkeimende Wut an. Er hatte Tiefschläge einstecken müssen und gelernt, seine zügellose Gewalt im Zaum zu halten. Das Schicksal hatte ihn nicht verschont, doch zufällige Begegnungen hatten ihm dabei geholfen, sein Dasein zu ertragen, auf Umwegen durchs Leben zu gehen und sich nie unterkriegen zu lassen. Jérôme Thévenay hatte ihm die Hand gereicht, und Toinou hatte sie ergriffen, hatte sich daran festgeklammert und so seine Rettung gefunden. Sie waren seit der frühen Kindheit befreundet und hatten ihre Kniehosen einst in derselben Grundschule im Stadtviertel Croix-Rousse abgewetzt. Einige Jahre hatten sie sich aus den Augen verloren, doch die Erinnerungen an Schneebälle voller Kieselsteine, gewagte Rutschpartien auf selbst gebauten Schlitten, vergnügliche Schulpausen und denkwürdige Prügeleien um eine Handvoll Murmeln verbanden sie. Der Chef des *Petit Pouce* war sein einziger Freund, der Einzige, für den es sich lohnte, noch an sich selbst zu glauben.

»Sie haben ihn gefesselt und mit einem Müllsack erstickt, diese Hurensöhne!«

Laures Gesichtsausdruck verdüsterte sich.

»Sie waren zu mehreren?«, fragte sie und versuchte gleichzeitig, ihr Entsetzen zu unterdrücken.

»Keine Ahnung... aber das Geld war weg... Die Bullen haben mich in die Mangel genommen... Da ist was faul... die haben mich auf dem Kieker!«

»Mach dir keine Sorgen, die machen nur ihren Job«, beruhigte ihn die Journalistin. »Du bist ihr erster Zeuge, du hast die Leiche entdeckt. Das ist normal...«

»Ich kenne die. Ich hab ein paar Vorstrafen, die... nicht ganz ohne sind! Wenn sie die Unterlagen in die Finger bekommen...«

»Schwerwiegende Vergehen?«

Toinou zuckte mit den Schultern. Vor Wut verzerrte sich sein Gesicht, schwarze Zähne mit ein paar freiliegenden Zahnhälsen wurden sichtbar.

»Irgendwelcher Mist... Früher bin ich wegen jeder Kleinigkeit ausgerastet... Ich hab 'ne Bewährungsstrafe bekommen, weil ich einen Typ übel zugerichtet habe, der mir im Kino den Platz weggenommen hatte.«

»Verstehe, man kann also sagen, dass du ein Hitzkopf warst«, bemerkte Laure.

»Alles nur Mist, ehrlich... Ich war jung, immer auf hundertachtzig.«

»Das sind doch alte Geschichten, oder?«

»Sie haben mich auch wegen Mofadiebstahl dranbekommen, und da musste ich sechs Monate einsitzen... Als ich aus dem Knast kam, habe ich mit Shit gedealt und mit geklauten Scheckheften einen draufgemacht... Sie haben mich nicht mehr geschnappt, ich bin nämlich zur Fremdenlegion...«

»Das hättest du ihnen sofort sagen sollen...«

»Damit sie mich gleich verhaften?«

»Ich nehme an, sie werden dich für die Ermittlung vorladen.«

»Damit ist zu rechnen... Bis dahin hab ich ein bisschen Zeit für mich zum Nachdenken... Auf keinen Fall gehe ich in den Bau zurück. Niemals!«

4

Toinou war wieder gegangen, mit gesenktem Kopf und schleppendem Gang, die Hände in den Hosentaschen, möglichst dicht an der Uferbrüstung entlang. Laure und Paco schauten ihm hinterher, bis seine Gestalt völlig von den Bäumen verdeckt wurde, die das rechte Ufer der Saône säumten.

»¡Joder! Verdammt... merkwürdiger Kerl«, sagte der Fotograf.

»Es gefällt mir gar nicht, ihn so zu sehen. Er ist kein schlechter Mensch, aber man weiß einfach nie, wie er reagiert... Dabei hatte ich dir eine gemütliche Reportage versprochen...«

»Ja, ich war auf etwas anderes eingestellt... Du hast von einem gewissen Lebensstil erzählt, von einer Stadt, in der man sich wohlfühlt...«

»Es tut mir leid, dass es so unschön beginnt.«

Laure seufzte, zog den Knoten ihres Schals etwas enger und schlug vor, das *Hôtel des Artistes* aufzusuchen, wo sie ihr Gepäck an der Rezeption hatten stehen lassen, ohne ihre Zimmer zu beziehen. Kaum dass das Taxi sie dort abgesetzt hatte, waren sie schnellstens an den Ort des Verbrechens geeilt. Paco hatte nicht einmal genug Zeit gehabt, einen seiner Fotoapparate mitzunehmen.

Während sie zur Halbinsel liefen, schilderte die Journalistin die besondere Beziehung, die sie mit Jérôme Thévenay verband. Sie kenne Jérôme seit vielen Jahren, und er sei im Übrigen einer der wenigen Gastronomen, die sie duze. Kennengelernt habe er sie als freie Journalistin, als sie zum ersten Mal beruflich durch die Provinz gereist sei. Sie habe sich mit der Familie angefreundet: mit seiner Frau und seinen Kindern, die gerade bestimmt die Hölle durchmachten, und auch mit seiner Schwester, bei der die Nerven sicherlich blank lagen.

»Wie schrecklich! Ich kann es noch kaum glauben...«

Als sie bei der Place des Célestins ankamen, betraten sie die Empfangshalle und entschuldigten sich bei der Rezeptionistin für ihren überhasteten Aufbruch. Sie füllten die Anmeldeformulare aus, und die Hotelangestellte musste den Vornamen des Fotografen beim Eintippen in den Computer schließlich sogar buchstabieren, woraufhin Paco sich genötigt sah, eine Erklärung abzugeben. Ermenegildo sei der Taufname, den er zu Ehren seines Großvaters erhalten habe, man könne ihn aber auch einfach Paco nennen. Ein mit der Zunge gerolltes »R«, gefolgt von einem *jota* aus tiefster Kehle und dann auch noch auf fünf Silben verteilt: Daran müsse selbst die freundlichste und charmanteste junge Französin verzweifeln. Die Rezeptionistin errötete und machte sich umgehend daran, das Gepäck zu holen, um ihre Nervosität zu verbergen.

»Nette Latin-Lover-Nummer!«, scherzte Laure. »Ich nehme an, die funktioniert immer?«

»So erinnert man sich wenigstens an mich.«

Beide gingen sie auf ihre Zimmer, um sich frisch zu machen. Nach einer halben Stunde trafen sie sich wie vereinbart unten im Foyer.

»Ich habe nachgedacht: Wir disponieren um...«, verkündete Laure, ohne auf die Zustimmung ihres Kollegen zu warten. »Ich glaube, es ist besser, wenn wir Gilles Mandrin, dem Chef vom *Gros Poussin*, sofort einen Besuch abstatten... Er war der beste Freund von Jérôme, und ich sollte ihm jetzt wenigstens etwas Beistand leisten.«

Laure gehörte nicht gerade zu den engsten Vertrauten dieses originellen Gastronomen, einer der urwüchsigsten Gestalten der Rue Mercière, doch seine Arbeit, seine Gastfreundschaft und die Erlesenheit seiner Menüs, an denen es nicht das Geringste auszusetzen gab, schätzte sie schon seit Langem. Mit seinem rosigen Teint, dem blonden Haarbüschel, das sich widerspenstig auf seinem Haupt aufstellte, den prallen Wangen und dem beachtlichen Bauch entsprach Mandrin dem, was man gemeinhin einen Genießer nannte. Er gehöre zu denen, die das Leben voll auskosteten, ohne zu sehr nach dem Sinn zu fragen. Er sei ein anspruchsvoller Genussmensch, immer auf der Suche nach unbekannten Gaumenfreuden, denen er stets mit der Unschuld eines nimmersatten, pausbackigen Engels fröne. Seine Mutter habe ihn derart verwöhnt, dass er sich als Auserwählter seiner Geschwisterschar sehe, über die er von klein auf das Sagen gehabt habe. Ganz selbstverständlich habe er das Familienrestaurant geerbt, ohne dass es einer gewagt hätte, sich gegen die elterliche Entscheidung zu stellen. In Erinnerung an den Spitznamen, den er seit frühester Kindheit von seiner Erzeugerin erhalten habe, habe er das Restaurant umgehend in *Au Gros Poussin* – Zum großen Küken umbenannt.

Wie üblich konnte Laure es einfach nicht lassen, Paco von den Menschen und Orten zu erzählen, zu denen sie ihn mitnahm. So bekam er ein Gefühl für das Ambiente und die Menschen vor Ort und konnte sie mit dem unerbittlichen Auge seines Objektivs besser einfangen. Schweigend und konzentriert hörte der Fotograf ihr zu.

Sie brauchten nur fünf Minuten, bis sie die Rue Merciére erreichten und die schwere, beschlagene Tür des Restaurants aufstießen. Kaum dass sie in den ersten Raum mit der hohen Decke und den Spitzbögen eingetreten waren, erblickte Laure einen verheerend aussehenden Gilles und konnte ihre Erschütterung nur schwer verbergen. Gerötete Augen und verquollene Lider, wächserne Haut und eingefallene Wangen – er hatte seine für gewöhnlich unbekümmerte Art verloren. Sein Bauch war noch immer dick, aber schlaff, als könnte ihn sein tags zuvor noch rüstiger Rumpf nicht mehr tragen, als wären seine sonst so starken Schultern heute kraftlos, ohne jedes Selbstbewusstsein.

Vorübergehend war Mandrin durch das Auftauchen der Gastronomiekritikerin wie gelähmt. Dann kam er langsam um den Tresen herum und nahm sie in den Arm.

»Es tut gut, Sie zu sehen«, sagte er schließlich und unterdrückte ein Aufschluchzen. »Verfluchte Scheiße aber auch! Jérôme war ein verdammt feiner Kerl!«

Laure ließ ihn einfach sein Herz ausschütten, war aber peinlich berührt von so viel Vertrautheit. Ihre zierliche Taille verschwand ganz in seiner Umarmung, ihre Nase in den Falten der weißen Weste mit dem aufgedruckten gelben Küken. Sie wartete, bis der Gastronom sich etwas beruhigt hatte und sie sich aus der Umarmung lösen konnte.

»Ich bin heute nicht in beruflicher Mission unterwegs, das versteht sich von selbst«, sagte sie mitfühlend.

Gilles Mandrin wischte sich das Gesicht mit einem karierten Geschirrtuch ab, das an seinem Gürtel hing.

»Ich weiß nicht, wie ich den Laden heute schmeißen soll... aber irgendwie muss es gehen.«

»Haben Sie nicht daran gedacht, das Restaurant für einen Tag zu schließen?«

»In einer Viertelstunde kommen die Gäste, und mehr als die Hälfte der Tische sind reserviert. Die Show muss weitergehen, wie man so schön sagt... Na, kommen Sie mit.«

Mandrin ging zur Küche, und sie folgten ihm.

»Man sollte niemals mit leerem Magen loslegen«, sagte er und schnitt einen großen Brotlaib mit knuspriger Rinde auf. »Nehmen Sie sich einen Teller vom Stapel und bedienen Sie sich... tun Sie sich was Gutes!«

Paco trat an den langen Edelstahltisch, auf dem ein Küchengehilfe gerade mehrere Teller und Schalen angeordnet hatte. *Jambon persillé au beaujolais* – Petersilienschinkenterrine an Beaujolais, *grattons* – frittierte Fleischstücke, *cervelas pistaché aux morilles* – mit Pistazien und Morcheln gespickte Cervelatwurst, *caillettes aux épinards* – Spinat-Fleisch-Knödel im Schweinenetz, *boudin blanc au foie gras* – Geflügelwurst an Gänsestopfleber, *salade de museau* – Ochsenmaulsalat, *sabodet braisé au vin rouge* – in Rotwein abgelöschte Wurst vom Schwein: Der Fotograf wusste gar nicht, wo er zuerst hinsehen sollte. Er schnappte sich den Fotoapparat und machte ein paar Aufnahmen.

»Hey, Künstler! Auf die Arbeit wird gepfiffen, das hat Ihre Chefin gesagt... Hier, das hier ist wichtig«, dröhnte Gilles Mandrin und reichte ihm ein Stück Brot, das er soeben mit einer dicken Scheibe lauwarmer Cervelatwurst belegt hatte.

Paco ließ sich nicht lange bitten und biss herzhaft zu. Laure begnügte sich mit den beiden Spezialitäten des Hauses: *le poulet au vinaigre* – dem Huhn an Essig, das sie am Schenkel im Kochtopf festhielt, um sich zwei kleine Stückchen Fleisch abzuschneiden, und dem *gâteau de foies de volaille* – dem Geflügellebersoufflé, das sie langsam aß, um die weiche Füllung unter der Kruste zu genießen. Sie hatte die Raffinesse bereits auf den Rezeptseiten von *Plaisirs de table* gelobt und musste nicht mehr davon probieren. Erleichtert stellte sie fest, dass sich nichts geändert hatte: dieselbe feine Ausgewogenheit zwischen herb und cremig, die perfekt bemessene Garzeit und dieses meisterhafte Geschick, schlichte, bodenständige und genussvolle Speisen anzubieten, wo es doch so schwierig war, es einfach zu halten.

Nach einer Handvoll Essiggurken war Paco bei Rosette und Jésus, den besonderen Wurstspezialitäten von Lyon angelangt. Zwischen zwei Schnappschüssen, insbesondere einem Porträt des Chefs, als der gerade mit dem Holzlöffel eine Pfeffersauce abschmeckte, kostete Paco mehrere Stückchen Brot mit verschiedenen Pasteten, die Mandrin ihn unbedingt probieren lassen wollte.

»Hier Landpastete, die ist von gestern Abend... Daneben ein bisschen Hasenpastete... Dann noch die Steinpilzpastete... und hier Wildschweinpastete...«

Laure verstand zwar, dass der Fotograf sich zu einer solchen Orgie hinreißen ließ, aber dass Gilles überhaupt noch Appetit auf etwas hatte, konnte sie nur schwer nachvollziehen.

»Wie schaffen Sie es nur, jetzt einen Bissen hinunterzubekommen?«, fragte sie ihn unumwunden.

In ihrer Stimme klang ehrliches Erstaunen mit, frei von jedem Vorwurf, bar jeder Absicht zu verurteilen. Aber Mandrin fasste es nicht so auf; er schluckte unverzüglich seinen Bissen Brot hinunter, zwitscherte noch einen Schluck Beaujolais hinterher, fuhr sich mit dem Ärmel über den Mund, starrte Laure aus müden Augen an und erwiderte so resigniert wie aufsässig: »Solange man genauso viel Kummer wie Hunger verspürt, ist man immer noch am Leben!«

5

Als sie auf die Saône zulief, schloss Laure Grenadier den Reißverschluss ihrer Lederjacke und zog die Schultern leicht hoch, um den Schal schützend an ihren Hals zu pressen. Es war kälter geworden. Der Himmel war noch nicht verdunkelt, eine bleiche Herbstsonne streifte die obersten Etagen der Gebäude aus ockerfarbenem Stein, aber der Wind drehte und versprach stark zu werden.

Ehe sie bei den Bouchons in der Rue de l'Arbre-Sec vorbeischauten, schlug die junge Frau Paco vor, ein wenig an der Saône entlangzugehen, um frische Luft zu schnappen. Der Fotograf war von diesem Vorschlag begeistert: die Aussicht würde fantastisch sein, um ein paar Aufnahmen der Altstadt Vieux Lyon zu machen. Er stöberte in seinem Rucksack, holte ein 85-Millimeter-Objektiv heraus, besann sich sogleich eines Besseren und wählte eine passendere Brennweite. Hier war ein Weitwinkel angesagt, um möglichst viele der Renaissance-Giebel und der Second-Empire-Fassaden festzuhalten, die entlang den Flusswindungen standen.

Sie liefen den Quai de la Pêcherie Richtung Quai Saint-Antoine auf dem breiten, von Platanen gesäumten Bürgersteig hinunter. Bedingt durch den milden Herbst hatten die meisten Bäume noch ihre Blätter. Laure war langsam unterwegs, was für sie sehr ungewöhnlich war. Mit schleppenden Schritten schlenderte sie ohne festes Ziel vor sich hin, den Blick ins Leere gerichtet, folgte ganz mechanisch der geraden Linie der Bäume. Sie achtete nicht auf Paco, der sich beständig umschaute, hierhin und dorthin ging, seinem eigenen Rhythmus folgend, unablässig auf der Suche nach dem besten Bildausschnitt.

Laure kam an einem städtischen Angestellten in grüner Weste mit gelben Streifen vorbei, der mit seinem Kopfhörer verwachsen zu sein schien und sich damit abmühte, den Müll unter den geparkten Limousinen aufzusammeln. Die Bewegungen seines Beckens und das Kreisen seiner Schultern erinnerten an die wiegenden Rhythmen eines alten karibischen Calypso. Wenige Schritte entfernt versuchte eine Dame mit perfekt gestylter Föhnfrisur und einem ängstlichen kleinen Hund an der Leine, den feuchten Blättern auf dem Asphalt auszuweichen, um sich keinen Beinbruch zuzuziehen.

Am Quai des Célestins blieb Laure stehen und drehte sich zum gegenüberliegenden Ufer. Sie ließ ihren Blick über die Viertel Saint-Jean und Saint-Paul schweifen, ehe sie zu Notre-Dame de Fourvière hinaufsah, die aus ihrer grünen Wolke aus Laubbäumen aufragte. Sie schaute auf die Uhr und klopfte mit nachdenklich geschürzten Lippen auf das Zifferblatt. Als sie mit dezenter Geste eine widerspenstige Strähne zurückstrich, sah sie, wie Paco über die Passerelle du Palais de Justice ging, sein Objektiv auf die Stahlseile richtete, um mit den Fluchtlinien zu spielen, sich an der Brüstung hinkniete, um die Tiefenschärfe einzufangen, und sich plötzlich über das wirbelnde Wasser der Saône beugte, um auch dieses bewegte Element festzuhalten.

Laure beobachtete ihn lange, dann beschloss sie, zu ihm aufzuschließen, und ging mit langen, energischen Schritten zur Fußgängerbrücke. Bei Paco angelangt, bat sie ihn, mit ihr zu kommen, sagte ihm jedoch nicht, wohin es ging. Paco ließ sich nicht lange bitten und folgte ihr. Er nutzte die Gelegenheit, ihre Fesseln zu fotografieren, deren rhythmische Bewegungen, zugleich abgehackt und elegant, ein großes Rätsel für ihn darstellten. Teils geschmeichelt, teils genervt erhob die Journalistin der Form halber Einspruch, lief aber mit unbedarfter Sinnlichkeit weiter. Paco war so konzentriert, dass er die beiden ungehobelten Typen auf dem Fahrrad nicht kommen sah, die ihn um ein Haar zu Fall gebracht hätten. Er wurde wütend, hätte fast seinen Fotoapparat fallen lassen und stieß ein »*¡la puta tu madre!*« aus. Laure drehte sich zu ihm um, fasste ihn am Arm und zog es vor, beschwichtigend zu lächeln. Die iberische Empfindsamkeit stellte für sie ein großes Rätsel dar.

Wenige Minuten später blieb Laure vor dem Geschäft der Geigenbauer *Bernard Boch & Richard Pick* mit der Hausnummer 8 am Quai Romain-Rolland stehen. Sie trat zur flaschengrünen Eingangstür und klingelte an der Ge-

gensprechanlage. Eine belegte Stimme antwortete, und die Journalistin nannte ihren Namen. Nach einem Moment angespannten Schweigens war ein leises »Ich mach dir auf« zu hören. Laure verzichtete auf den Aufzug und ging leichten Schrittes die Treppe hinauf, während Paco, eingezwängt in seinen Parka und unter der Last seiner Ausrüstung ächzend, außer Atem versuchte, ihr zu folgen.

In der fünften Etage wartete Laure, bis Paco bei ihr ankam, ehe sie anklopfte. Eine etwa vierzigjährige Frau mit blassen Augen und kantigen Gesichtszügen öffnete ihnen und trat zur Seite, um sie hereinzulassen. Die Bewegungen von Cécile Frangier, der Schwester von Jérôme Thévenay, waren langsam, ihr Teint fahl und ihr Gesicht verkniffen. Laure nahm sie in den Arm und murmelte ihr mitfühlende Worte ins Ohr, die aufrichtig herzlich gemeint waren, wenn sie schon nicht trösten konnten.

»Wollt ihr einen Kaffee?«, fragte Cécile und wischte sich mit dem Handrücken über die Augen.

»Wir sind nur auf einen Sprung vorbeigekommen... mach dir keine Umstände.«

»Das mache ich aber gern... Und irgendwie muss es ja weitergehen.«

»Soll ich dir helfen?«, fragte Laure verlegen.

»Das schaffe ich, keine Sorge... geht schon mal ins Wohnzimmer, ich komme gleich nach.«

Laure und Paco betraten ein geräumiges, in Licht getauchtes Wohnzimmer, dessen drei vorhanglose, hohe Fenster die Saône überblickten. Der Raum war spärlich, aber geschmackvoll möbliert, mit einer Vorliebe für edle Materialien, Leinenstoffe und exotische Hölzer, und wies eine ausgewogene Raumaufteilung mit vielen pastellfarbenen Bildern und mattweißen Oberflächen auf. Diese Wohnung war vor allem auf Gemütlichkeit ausgerichtet, ohne sich um Prunk zu sorgen.

»Seid ihr heute Morgen in Lyon angekommen…? Du hast mich schon lange nicht mehr besucht.«

»Ja«, bestätigte Laure und half ihrer Freundin, das Kunststofftablett leerzuräumen, auf dem drei Porzellantassen und eine gläserne Kaffeepresse standen. »Die nächste Ausgabe des Magazin widmet sich den Bouchons von Lyon. Wir bleiben ein paar Tage hier. Es war im Übrigen vorgesehen, etwas über euren Laden in der Rubrik ›Tafelkultur‹ zu bringen, aber… das sehen wir später.«

»Das ist nett… Am besten regelst du das direkt mit François, er macht im Laden weiter. Wir waren dort, als die Polizei angerufen hat, um uns mitzuteilen, dass… Er ist drangegangen, Gott sei Dank… ihm sind glücklicherweise die… richtigen Worte eingefallen… mein Mann ist feinfühlig«, vertraute ihnen die junge Frau an, als sie ihre Tasse zum Mund führte.

»Das ist wirklich schrecklich, mein… unser aufrichtigstes Beileid.«

Verlegen starrte Paco in seinen Kaffee, wagte es nicht, sich in die Unterhaltung einzubringen.

»Das ist lieb von dir«, sagte Cécile. »Das Leben ist schon merkwürdig, weißt du. Vor drei Wochen waren wir alle auf dem Friedhof, um das Grab von Maman zu bepflanzen. Es war ihr zehnter Todestag, und wir wussten nicht, dass...«

»Hast du keine Vermutung? Keinen Verdacht, wer das getan haben könnte...? Hat Jérôme sich bedroht gefühlt?«

»Nein, er hatte keinerlei Grund... also, nichts Besorgniserregendes, zumindest nicht in letzter Zeit.«

»Aber früher hat es Probleme gegeben?«

»Nicht der Rede wert... Vor zwei, drei Jahren ist ein Typ bei ihm im Restaurant vorbeigekommen. Keiner hier kannte ihn. Er war nicht aus Lyon, nicht einmal aus der Region... Keine Ahnung, wo der herkam. Er wollte Restaurants aufkaufen, um Nachtclubs daraus zu machen, und hat Kontakt zu meinem Bruder und zu anderen Bouchons in der Rue Mercière und der Rue Saint-Jean aufgenommen.«

»Nach dem, was ich gesehen habe, ist aber nichts verkauft worden«, bemerkte Laure.

»Nein, alle haben abgelehnt... Damit hat der Typ nicht gerechnet. Er hatte richtig viel Geld, und die angebotenen Summen waren mehr als ansehnlich, das muss man sagen. Ich glaube, ihm war nicht klar, dass Bouchons etwas anderes sind als ein... einfacher *Businessplan*!«

Laure nickte zustimmend.

»Und warum denkst du an diesen Mann? Hat er Jérôme gedroht?«

»Das kann man so nicht sagen. Nichts würde es rechtfertigen, ihn anzuzeigen, aber... wie soll ich es ausdrücken... Ich glaube nicht, dass dieser Mann damit rechnete, dass man seine Angebote ausschlagen würde, weil… weil er es nicht gewohnt war, etwas nicht zu bekommen. Einfach deshalb.«

Cécile schenkte ihren Gästen Kaffee nach und fuhr fort: »Seine Art zu diskutieren war im Übrigen sehr ungehobelt, ohne jedoch direkt einschüchternd zu sein… Ich weiß nicht, ob ich mich verständlich mache. Ihr müsst entschuldigen, wenn ich mich gerade nicht sehr klar ausdrücke… Gestern Abend waren wir bei Freunden zum Essen und haben etwas getrunken, und heute Morgen habe ich ein paar Tabletten genommen, damit ich diese schreckliche Neuigkeit besser verkrafte. Nichts Starkes, nur etwas Pflanzliches, aber…«

»Du drückst dich sehr klar aus, Cécile, keine Sorge… Und wer würde unter solchen Umständen nicht zu Tabletten greifen?«

»Ja… na ja… dieser Mann, ich weiß nicht recht, wie er es angestellt hat, aber er hat die Leute unter Druck gesetzt… Als würde man in einer siedend heißen Pfanne schmoren, und er empfände ein geradezu höllisches Vergnügen, den Pfannenstiel in der Hand zu halten.«

»So wie ich Jérôme kenne, dürfte ihm das nicht gefallen haben«, bemerkte Laure.

»O nein! Er hat ihm klipp und klar gesagt, dass das Restaurant schon seit Zeiten unserer Großmutter, sogar schon unserer Urgroßmutter im Besitz der Familie und nicht zu verkaufen sei.«

»Hast du der Polizei davon erzählt?«

»Noch nicht. Außerdem weiß ich nicht, was sie damit anfangen sollten: Man hat diesen Typen nie mehr in Lyon gesehen.«

Cécile rieb sich die Schläfen, gab ihren Gästen diskret zu verstehen, dass sie müde war.

»Wir gehen dann mal... du musst dich ausruhen. Ich wollte dir nur sagen, dass wir an dich denken und da sind. Wir sehen uns noch. Ich nehme an, dass du nicht in den Laden gehst?«

»Ich brauche Ruhe und vor allem Schlaf. Außerdem habe ich Karten für die Oper heute Abend. Sie spielen ›Tristan und Isolde‹, und ich muss etwas schlafen, wenn ich das durchhalten will.«

»Du gehst da hin, obwohl...?«, fragte Laure, ohne ihre Überraschung zu überspielen.

»Ja, ich gehe da hin, obwohl... Wagners Musik ist nicht unbedingt besänftigend, aber sie bietet einem ganz unerwartete Möglichkeiten: Wenn man die Gedanken über vier Stunden am Stück mit etwas beschäftigt, dann vergisst man vielleicht ein bisschen...«

»Ja, ziemlich einnehmend, seine Musik!«, merkte Paco an, der sogleich bedauerte, etwas gesagt zu haben.

6

Ihr Vorhaben entpuppte sich als schwierig. Laut ihrem sorgfältig ausgearbeiteten Zeitplan, den sie aber nach Bedarf anpassen würde, hatte Laure für diesen Tag Besuche bei einem Dutzend Bouchons vorgesehen. Einzig die Arbeit würde sie davon abhalten, zu sehr an den Tod von Jérôme Thévenay zu denken. Unablässig kreisten ihre Gedanken um ihren Freund, um diese qualvollen, schrecklichen Bilder, wie er mit gefesselten Armen und einem Müllsack über dem Kopf dalag. Während sie mit wütender Entschlossenheit durch die Rue du Président-Édouard-Herriot schritt, kam Paco, beladen wie ein Lastesel, nur mühsam hinterher. Den Rucksack hatte er sehr hoch geschnallt, um sich den Rücken nicht kaputt zu machen, die Tasche mit den Objektiven trug er über der linken Schulter, das Etui mit dem Stativ über der rechten, und in dem Versuch, mit dem Tempo der jungen Frau mitzuhalten, geriet er völlig außer Atem.

In der Rue de l'Arbre-Sec statteten sie einer Reihe von Bouchons einen Besuch ab, von denen Laure nur diejenigen notierte, die ihre Speisen schön anrichteten, frische Produkte, eine wohldurchdachte Weinkarte, ein ausgewogenes Verhältnis zwischen Tradition und Moderne, einen herzlichen Empfang und vernünftige Preise vorwiesen. Eine ganze Reihe Kriterien, die es rasch herauszufinden galt und die einem ständig volle Aufmerksamkeit abverlangten. Selbst wenn es nahezu unmöglich war, all diese Bedingungen zu erfüllen, so war es Laure doch schon seit Langem klar, dass man in dieser Stadt ausgezeichnete Entdeckungen machen konnte. Mit knapp tausend Gastgewerben und einer Kundschaft, die ganz genau wusste, was sie wollte, konnte sich auf Dauer keiner in Lyon etablieren, wenn er diese Erwartungen nicht erfüllte.

Unter den zu empfehlenden Adressen notierte sich die Gastronomiekritikerin ohne zu zögern *Les P'tits Pères*, wo sie eine *grillade des mariniers du Rhône* – eine Grillplatte der Rhône-Fischer und einen *gargouillou aux poires* – einen versunkenen Birnenkuchen probierte, wobei sie das Rezept des Letzteren gewissenhaft aufschrieb. Danach führte sie ein langes Gespräch im *La Poule au Pot*, dessen Name unmissverständlich auf eine Spezialität des Hauses hindeutete. Dort kostete sie auch eine köstliche Esskastanien-Tarte und sprach lange mit Maëlle Polidori, die in der Küche arbeitete. Schließlich nahm sie noch *Le Potiquet* unter die Lupe, das ein vorzügliches Rinderfilet an Morchelsauce mit kleinen Frühjahrskartöffelchen auf der Karte hatte.

Paco machte die üblichen Fotos, ohne sich zu verkünsteln: Gesamtansicht der Räume, zwei, drei Details in der Dekoration, Nahaufnahme des Chefs oder Besitzers und manchmal eine Außenansicht, wenn die Architektur eines Restaurants es rechtfertigte oder die Vorderfront ganz besonders ausgefallen war. Dann verließen sie das Rathausviertel und gingen über den Pont de la Feuillée ins Vieux Lyon. *Les Fines Gueules* war ihre nächste Station. Eine schöne Lokalität, geführt von Joël Salzi, der das Talent besaß, eine *terrine de queue de bœuf* – eine Ochsenschwanzterrine und einen *pied de cochon désossé en crépinette* – eine ausgebeinte Haxe vom Schwein im Fettnetz zu zaubern, die unbedingt einen Abstecher wert waren. Das *Notre Maison,* geführt vom Ehepaar Lalleau in der Rue Gadagne, wurde als Letztes getestet und ausgewählt. Ihre speziell zubereiteten Kutteln und die geschmorte Rinderbacke an Honig verdienten es, unter den monatlichen Rezepten in *Plaisirs de table* zu erscheinen.

Weitere Lokalitäten, aus denen Laure enttäuscht oder zumindest zweifelnd herauskam, wurden von der Liste gestrichen. Mit dem *Gros Poussin* und diesen fünf erlesenen Adressen hatte sie es an einem einzigen Erkundungstag auf sechs Tipps der Redaktion gebracht, über die sie schreiben konnte. Eine eher positive Bilanz, die noch mehr begeistert hätte, wäre da nicht die ganze Zeit während der Gespräche diese spürbare Anspannung gewesen. Zum Schluss drehten sich die Unterhaltungen immer um die Ermordung von Jérôme Thévenay. Der Wortlaut der Äußerungen war uneinheitlich, schwankte zwischen Bestürzung und Empörung, Wut und Fatalismus, der Lust, gegen die Unsicherheit anzukämpfen, und dem Wunsch, sich aus übertriebenem Selbstschutz zu verstecken. Doch alle waren sich einig, wenn es darum ging, die außerordentlich liebenswerte Persönlichkeit des Verstorbenen, sein Talent in der Küche, seinen verdienten Erfolg und seinen Einsatz für die branchenübergreifenden Interessen hervorzuheben.

Langsam umfing die Nacht die ockerfarbenen Fassaden, die an den Hängen des Hügels von Fourvière standen. Laure und Paco wandten den Blick ab, als sie am geschlossenen Metallrollo des *Petit Pouce* vorbeikamen, das polizeilich versiegelt worden war. Sie liefen die Rue Saint-Jean hinauf und kamen zum Vorplatz der Kathedrale. Die Beleuchtung des Frontgiebels ließ die Rosette, die Rundbögen über dem Eingangsportal und die kopflosen Engel erstrahlen, die in den Nischen saßen. Neben der robusten Manécanterie, der Kantorei, einem romanischen Gebäude, und der rechts daneben liegenden massiven Primatialkirche aus dem elften Jahrhundert mit ihren Blendarkaden und den paarweise angeordneten Säulen, loderte das Gotische im Licht der Scheinwerfer noch stärker auf.

Paco konnte es sich nicht entgehen lassen, ein paar Fotos zu machen, die Statuen der Jungfrau und des Engels Gabriel heranzuzoomen, Details an der Steinbalustrade hervorzuheben, und sich dem Gebäude zu nähern, um die Medaillons genauer zu betrachten.

»Da Devotionalien dich inspirieren, sollten wir bis zur Basilika de Fourvière hinaufgehen, dort könntest du dann eine Panoramaaufnahme der Stadt machen... Das wäre eine schöne Doppelseite als Einstieg mit Headline und Einleitung... Was denkst du?«

»Bis zur Basilika hoch?«, fragte der Fotograf entsetzt.

»Ich traue mich ja schon gar nicht, dir vorzuschlagen, zu Fuß dorthin zu gehen... Dabei ist es gar nicht weit.«

»Nein, bloß das nicht! Meine Ausrüstung wiegt Tonnen, und ich trage sie schon den ganzen Tag mit mir herum!«

»In dem Fall, weil ich wirklich Mitleid mit dir habe und ein unglaublich barmherziges Mädchen bin, nehmen wir eben die *ficelle*.«

Paco runzelte die Stirn, machte eine Schnute und trat einen Schritt zurück.

»Jetzt mach nicht so ein Gesicht! So nennt man hier die Standseilbahn... Die Haltestelle ist gleich um die Ecke...«

»Umso besser, so viele Treppen hätten mich jetzt wirklich überfordert...«

»Ich wäre ja ganz gerne zu Fuß hochgegangen, schon als Ersatz für die Yogakurse, die diese Woche für mich ausfallen...«

Keine zwei Minuten später fanden sie sich oben auf einer Esplanade wieder, wo die Basilika Notre-Dame de Fourvière majestätisch thronte und die Stadt mit ihrer Allmacht erdrückte. Ohne sich mit Laure abzusprechen, ging der Fotograf geradewegs auf das Portal des Gebäudes zu. In der Basilika bekreuzigte er sich, schaute nach oben zu den Kuppeln des Kirchenschiffs, warf dann eine Münze in einen Opferstock und zündete eine Kerze an, die er inmitten eines knisternden Meeres aus Kerzen aufstellte. Erstaunt beobachtete Laure ihn beim Beten. Sie genierte sich etwas, kam sich fast indiskret vor, leicht verloren inmitten des goldenen Prunks, der funkelnden Mosaike, Votivbilder und byzantinischen Malereien, die für ihren Geschmack viel zu kitschig waren. Da zog sie sich doch lieber zurück.

Als der Fotograf aus der Basilika trat, traf er Laure in der Dunkelheit vor einer Bronzestatue von Johannes Paul II. an, der mit ausgebreiteten Armen und strahlendem Gesicht auf seinem Sockel stand, als wäre er bereit, zu den Verheißungen des Himmels aufzusteigen.

»Es gibt eine Haltung im Tai-Chi, die so ähnlich aussieht«, bemerkte die Journalistin.

»Also bitte, keine Gotteslästerung!«, erwiderte Paco schockiert und bekreuzigte sich.

»Aber ich mache mich doch gar nicht lustig«, versicherte ihm Laure. »Ganz im Gegenteil!«

»Ich kenne dich so langsam.«

»So gut auch wieder nicht, das kannst du mir glauben... Was wäre daran so skandalös, wenn ein erleuchteter Papst sich zur chinesischen Gymnastik bekennen würde?«

Paco zog es vor, nicht zu antworten. Er war sich nicht sicher, ob eine Diskussion über Spiritualität um diese Zeit erstrebenswert war. Sie gingen zum hinteren Teil des Monuments, ein jeder in isolierendes Schweigen gehüllt, blieben lange an die Brüstung gelehnt stehen und schauten auf die Stadt, die in der Ferne leuchtete. Der Fotograf packte schließlich sein Stativ aus, wählte einen Fotoapparat und ein passendes Objektiv, um eine möglichst breite Landschaftsaufnahme einzufangen.

Die Schneise, die die Place Bellecour hinterließ, die Zinkdächer des Théâtre des Célestins, die Kuppeln des Hôtel-Dieu, der »Crayon« aus Stahl und Glas, der aus den gradlinigen Betonbauten von Part-Dieu aufragte, die anmutigen Kirchturmspitzen von Saint-Nizier, das beeindruckende Dach der Oper, gleich einem umgedrehten Schiff – nach einer Idee des Genies Jean Nouvel, der barocke Klassizismus des Rathauses, der Hügel von Croix-Rousse: Die Lichter von ganz Lyon antworteten einander wie unzählige Glühwürmchen und flackernde Fünkchen in einer Mannigfaltigkeit aus unterschiedlicher Helligkeit und Leuchtkraft, die nur die dunklen Spiegelungen des Flusses verschlingen konnten.

»Ich bin ziemlich zufrieden, und auch wenn das jetzt überheblich klingt – ich glaube, das ist richtig gut geworden!«, verkündete Paco, als er sich zu Laure umdrehte, deren trauriges, tränennasses Gesicht mit der verschmierten Wimperntusche im fahlen Licht der Straßenlaterne schimmerte.

Sie wischte sich die Tränen mit dem Schal ab und presste die Zähne aufeinander, um das leichte Zittern ihrer Lippen zu unterdrücken:

»Kaum zu glauben, dass irgendwo hier, vor unseren Augen so ein Scheißkerl frei herumläuft... völlig unbehelligt!«

7

Feiner Nieselregen hüllte die Halbinsel ein, und ein beißender Wind wirbelte die herbstlichen Blätter auf. Laure und Paco hatten in der goldbraunen Gemütlichkeit des *Café des Jacobins* mit Blick auf einen beeindruckenden Marmorbrunnen, in dem sich Meerjungfrauen aus weißem Stein räkelten, Unterschlupf gefunden, saßen im Halbdunkel des Tresens in einvernehmlichem Schweigen da und starrten in ihren Kaffee: ein schwacher Espresso ohne Zucker für sie, ein Espresso mit einem Schuss Milch und zwei Tütchen Zucker für ihn. Das Körbchen mit den Croissants und Pains au chocolat schien sie zu provozieren, als hätten sie sich eine Versuchung auferlegt, nur um dieser zu widerstehen.

Tags zuvor hatten sie im *Bouchon des Filles* in der Rue du Sergent-Blandan, gleich bei der Place Sathonay, zu Abend gegessen. Das Restaurant war von Isabelle und Laura eröffnet worden, zwei jungen Frauen, die die Tradition von Lyon aufrechterhielten. Laure Grenadier hatte bereits von ihnen gehört, bislang aber noch nicht die Zeit gefunden, sie aufzusuchen. Ganz bestimmt würde über dieses liebevoll geführte Restaurant in der nächsten Ausgabe berichtet. Paco hatte die Gelegenheit genutzt, um ein paar stimmungsvolle Bilder zu machen: altes Radio, antiker Holzkühlschrank, Küchengerätschaften aus Blech und Pfannen aus Kupfer, Bruchsteingewölbe im Nebenraum. Er hatte eine Nahaufnahme von einem Plakat aus der Nachkriegszeit gemacht, das »Weine aus Frankreich – Gesundheit – Frohsinn – Hoffnung« pries und auf dem eine fröhliche Weinleserin mit Hut stolz die weißen und blauen Trauben in ihrem Korb trug.

Außerdem hatte er mit der schillernden Transparenz der Teller und den rot karierten Mustern der Servietten gespielt, indem er die Motive möglichst nah heranzoomte. Vermutlich würden diese Fotos nicht veröffentlicht werden, aber er liebte es, neue Ansätze zu verfolgen. Danach hatte er den Fotoapparat in seinem Rucksack verstaut, um die Vorspeisen, bestehend aus verschiedenen Salaten, zu verschlingen: Linsen an Gemüse, Rote Beete mit geräuchertem Hering an Himbeeressig und Dill sowie bunte Blattsalate mit Zwetschgen im Speckmantel.

Während dieser Zeit hatte Laure sich wie gewohnt mit den Betreiberinnen unterhalten, wobei sie darauf achtete, den normalen Betrieb nicht zu stören. Nach der Kostprobe einer vorzüglichen Velouté vom Sellerie mit Walnussöl hatte sie sich zu ihrem Assistenten gesellt und war direkt zum »Hauptgang« übergegangen, ohne die Salate zu probieren. Sie hatte sich für *rognons de veau crémés aux épinards* – Kalbsnierchen an Rahm auf Spinatbett entschieden, und nach langem Zögern war Paco für die *croustille de boudin aux pommes* – die gebackene Blutwurst auf Apfel schwach geworden, bereute aber zugleich, nicht die *joue de porc en colombo* – die geschmorten Schweinebäckchen genommen zu haben. Zum Essen gab es einen Beaujolais, und der *rigotte*-Käse diente als wunderbarer Vorwand, die Flasche zu leeren.

Ziemlich angesäuselt, ohne jedoch völlig betrunken zu sein, hatten sie sich auf den Heimweg gemacht und waren langsam und bedächtig am Fluss entlang bis zur Place des Célestins gelaufen, nachdem sie die Église Saint-Nizier umrundet hatten.

Nach einer kurzen Nacht zog sich der rituelle Kaffee am Morgen zwischen zwei kaum verhaltenen Gähnanfällen in die Länge. Laure hatte bestimmt, dass sie ihr Frühstück nicht im Hotel einnehmen würden, um dort nicht noch länger in der gedämpften Trägheit zu verweilen.

Ein alter Mann von kleiner Statur, in einer für seine schmalen Schultern viel zu großen Cordjacke, betrat leicht hinkend die Bar und ging geradewegs zum Tresen. Dort stützte er sich auf die Ellenbogen und nickte seinem Nachbarn zu, einem etwa gleichaltrigen, rotbackigen Mann mit deutlich vorgewölbtem Bauch, eingezwängt in eine zu kurze Weste.

»Heute pfeift's aber ganz schön…«, sagte der Humpelnde schniefend. »Da kommt nichts als Nieselwetter von Westen!«

»Salut, Pépère Gambille, was darf's sein?«, fragte der Kellner.

»Ach, schenk mir 'nen Roten ein!«

»Und für dich, Pépère Bambane, noch mal dasselbe?«

»Ja, noch 'n kleines Helles!«, antwortete der dickbäuchige alte Mann. Seine langsamen Gesten ließen vermuten, dass es nicht sein erstes Glas war.

Der Kellner schenkte ein Glas Beaujolais ein und zapfte ein kleines Bier.

»Den Mandrin hat's heut Nacht erwischt!«, sagte Gambille und fuhr sich mit dem Ärmel über die Nase.

»Den Gilles?«

»Sag ich doch ... den Gilles Mandrin!«

»Kann nich sein ...! Was redest du da?«

Laure und Paco zuckten zusammen, runzelten die Stirn, waren blass geworden und mit einem Mal hellwach. Ohne ein Wort gewechselt zu haben, trafen sich ihre Blicke.

»War ganz schön was los in der Rue Mercière ...«, fuhr Gambille fort, nachdem er einen ordentlichen Schluck Rotwein genommen hatte. »Überall Bullen! ... Die Müllmänner haben ihn gefunden, als sie grad die Tonnen leeren wollten, da haben sie gesehen, dass die Hintertür auf war ...«

»War er schon steif?«, fragte Bambane.

»Das kann man wohl sagen. Hat sich nicht mehr gerührt ... Dem ham se eine übergezogen und den Schädel zertrümmert ... Der arme Hund ist zusammengebrochen, dann ham se ihm 'ne Plastiktüte übern Kopf gezogen und ihn mit 'nem Seil erdrosselt ...«

»Und die Kasse geklaut? Wie neulich beim Thévenay?«

»Der Kerl, der das gemacht hat, versteht sein Handwerk, das ist kein Anfänger... der hat keine halben Sachen gemacht.«

»Schlimme Sache! Ist vielleicht aber ganz gut so... Der Mandrin ist hin, hat keine Zeit für viel Geheul gehabt.«

»Da haste recht, ist besser so... manchmal...«, erwiderte Gambille. »Eins ist sicher, es gibt 'nen Haufen Leute, die jetzt wieder viel Mist rumerzählen...«

»Nicht mein Ding, ich mag das nicht, ich trag kein Geschwätz weiter, aber kalt lässt mich das nicht. Zwei Typen mussten für eine Handvoll Moneten dran glauben.«

»Die ganze Stadt wird sich das Maul zerreißen... und die alten Weiber werden sich vor Angst in die Hosen machen!«

»Schlimme Sache, richtig schlimm!«, brummte Bambane und kippte sich sein restliches Bier hinunter.

»Na dann, ich mach los«, verkündete Gambille lauthals, »ich hab schon genug intus.«

»Stell dich nicht so an! Noch ein Glas!«

»Genug geredet, sag ich... Ich geh dann mal wieder.«

»Hast ja nicht mal an 'nen Schirm gedacht... wirst ja nass bis auf die Haut!«

»Mir egal«, sagte Gambille und zuckte mit den Schultern.

Und damit humpelte er auf die Doppeltür aus Glas zu, ohne sich um die Regentropfen zu kümmern, die bereits auf den Gehsteig klatschten.

Bambane bestellte sich ein weiteres kleines Bier, indem

er sein Glas träge auf dem Tresen nach vorn schob. Laure war schrecklich blass, ihr Mund stand offen, ein grauer Schatten trübte ihren Blick.

»Hast du dasselbe gehört wie ich?«, stammelte sie.

»Ich fürchte ja«, antwortete Paco, nickte dabei fassungslos.

»Jérôme gestern Morgen ... Gilles heute ...«, murmelte Laure mit zitterndem Kinn. »Das ist ... das ist ...«

»Das ist übel«, bemerkte Paco, ohne so recht zu wissen, was man in einer solchen Situation am besten sagte. »Das ist echt übel!«

Laure nahm einen tiefen Atemzug, straffte die Schultern, legte die Hände vor ihren blutleeren Lippen aneinander und schloss die Augen. Lange blieb sie so sitzen. Der Fotograf beobachtete sie aus den Augenwinkeln, wagte es aber nicht, sie direkt anzusehen oder sich zu bewegen.

»Ich kenne einen Journalisten beim *Progrès*, der uns vielleicht mehr dazu sagen kann ...«, sagte sie schließlich mit etwas festerer Stimme. »Den rufe ich an.«

»Einen Gastronomiekritiker?«

»Nein, er ist mit Gesellschaftsthemen und etwas Lokalpolitik betraut ... Er wird mir ein paar Infos nicht abschlagen.«

»Wie heißt er?«

»Jean-Philippe Rameau, wie der Musiker.«

»Kenne ich nicht ... Bei welcher Gruppe ist er?«

»Wovon sprichst du denn jetzt?«, fragte Laure genervt.

»Rameau... ein Rockmusiker?«

»Eher Barock... machst du das absichtlich?«

»Kenne ich nicht, sag ich doch... Und dein Journalist, was ist das so für einer?«

»Wir haben uns letzten Winter kennengelernt, als die besten Sterneköche der Welt Bocuse geehrt haben, der vom Culinary Institute of America zum ›Koch des Jahrhunderts‹ ernannt worden war... Jean-Philippe hatte damals über das Ereignis berichtet, er war beim Galadinner dabei, und wir haben uns bei dieser Gelegenheit angefreundet.«

»Angefreundet?«, fragte Paco, einen verkniffenen Zug um den Mund.

Laure antwortete nicht. Sie war nicht dazu aufgelegt, sich über die kleinen Eifersuchtsbekundigungen ihres Fotografen zu amüsieren. Die Sache hier war ernst, weshalb sie seine Andeutungen umso unangebrachter fand. Sie scrollte sich durch das Adressbuch ihres Smartphones und drückte auf die Wahltaste. Nach dreimaligem Klingeln ging ihr Kollege ans Telefon.

»Hallo, Jean-Philippe, ich bin's, Laure Grenadier... Ich bin für ein paar Tage in Lyon.«

Das Schweigen hielt lange genug an, dass Laure Zweifel an ihrem Vorhaben kamen. Ein leises Knistern, gefolgt von regelmäßigem Klappern drang unangenehm an ihr Ohr. Man hätte meinen können, das mechanische Scheppern eines Druckers, vielleicht aber auch das rhythmische Rattern eines Fotokopierers. Jean-Philippe Rameau räusperte sich und antwortete schließlich in einem Tonfall, der charmant klingen sollte:

»Du hast mich also nicht vergessen?«

8

Laure legte ihr Handy neben dem Gebäckkörbchen ab und versuchte gar nicht erst, eine gewisse Aufregung zu überspielen. Bei der Aussicht auf einen Abend in angenehmer Gesellschaft, noch dazu in einem der besten Restaurants einer Stadt, die reich an guten Restaurants war, überzogen sich ihre Wangen mit einem rosigen Schimmer.

»Gute Nachrichten?«, fragte Paco sogleich.

»Könnte man so sagen. Der Tag wird richtig anstrengend, aber er klingt bei *La Mère Brazier* mit Jean-Philippe Rameau aus.«

Mit einem diskreten Handzeichen bestellte sich Laure einen weiteren Kaffee.

»Das war aber so nicht vorgesehen«, warf Paco ein. »Ich halte das für keine gute Idee... Während des laufenden Betriebs kann ich nicht durch die Küche stöbern, da werden sie mich rausschmeißen, und das zu Recht!«

»Paco, es wird kein Problem geben, weil es für dich heute Abend heißt: ausruhen. Du hast frei! Ich gehe allein ins *La Mère Brazier*. Übermorgen gehen wir dann noch mal wegen der Fotos hin, aber heute Abend, das ist... was anderes...«

»Was anderes…?«

»Mhm…«

Nun bestellte auch der Fotograf einen weiteren Kaffee beim Kellner, der hinter seinem Tresen die heißen Tassen aus der Spüle abtrocknete und nebenher mit Bambane redete.

Laure zog ihren Tablet-PC aus der Handtasche, die auf dem Stuhl neben ihr lag. Sie schaute sich die geplanten Termine für den Tag genau an und ging ein paar Notizen durch, die sie sich als Vorbereitung für die Reportage gemacht hatte. Dann entfaltete sie einen Plan der Innenstadt, um Paco knapp über den Ablauf zu informieren. Der hörte nur mit halbem Ohr zu. Er erweckte den Anschein, woanders zu sein, wirkte zugleich betrübt und abwesend, sein Blick war irgendwie sorgenvoll und etwas verwirrt aufgrund der Geschwindigkeit, mit der Laures Zeigefinger über die Karte wanderte.

»Man könnte meinen, ich langweile dich mit meinen Erklärungen«, brach die junge Frau gekränkt ab. »Ich wollte dir nur die Zusammenhänge erläutern… aber wenn du auf Überraschungen stehst, kann ich das auch lassen…«

»Nein, nein, gar nicht! Ich… du… ähm… kein Problem, wegen deines Essens heute Abend«, stammelte der Fotograf. »Aber während ich dir gerade zugehört habe, habe ich mich nur gefragt… ähm…«

Ohne sich darum zu kümmern, ob er ihre Unterhaltung störte, stellte der Kellner die beiden Kaffees ab. Er räumte die benutzten Tassen und das leere Körbchen ab und erlaubte sich, seine Gäste scherzhaft wegen der Unordnung auf ihrem Tisch aufzuziehen. Als er sich entfernte, starrte Laure Paco an, dessen plötzliche Melancholie ihr Sorgen bereitete.

»Du siehst bedrückt aus«, sagte sie leise.

»Ähm... heute Abend gehst du also ins *La Mère Brazier*?«

»Ja.«

»Und... du hast mir irgendwas von anderen Restaurants erzählt, die ›Mère Irgendwas‹ heißen?«, sagte der Fotograf wieder gefasster.

»Genau!«

»Also, ich habe mich gefragt... warum es so viele Restaurants gibt, die einen solchen Namen haben, ›Mère Dingsbums‹, ›Mère Sowieso‹?«

»Das hätte ich natürlich zuerst erklären sollen, klar... Okay, ich verschaffe dir mal schnell einen Überblick, und später können wir dann noch mehr ins Detail gehen, wenn du willst.«

Laure trank etwas Kaffee und tupfte sich die Mundwinkel mit einer Papierserviette ab, ehe sie weitersprach:

»Ohne die *Mères* – die Mütter – würde es die Bouchons, wie wir sie kennen, gar nicht geben. Die ersten Mères sind im achtzehnten Jahrhundert aufgetaucht. Da wäre zum Beispiel Mère Guy; eine ihrer Nachfahrinnen wurde mit einem Michelin-Stern ausgezeichnet. Oder auch Mère Brigousse... Aber das Phänomen hat sich erst in der zweiten Hälfte des neunzehnten Jahrhunderts so richtig entwickelt, und das Goldene Zeitalter der Bouchons, das im Bewusstsein der Leute verankert ist, ist die Zeit zwischen den beiden Weltkriegen, die Dreißigerjahre... Das Konzept ist einfach: Köchinnen aus bescheidenen Verhältnissen, die zunächst im Haushalt von reichen Familien in Lyon angestellt waren, machten sich selbstständig. In ihrem kleinen Restaurant mit nüchterner Deko, ohne viel Schnickschnack, boten sie eine ebenso traditionelle wie gutbürgerliche Küche an und hatten nur wenige Gerichte auf der Karte. Mère Fillioux hat zum Beispiel in ihrem Restaurant die ganze Zeit über nur ein einziges Menü angeboten. Die große Stärke der Mères bestand darin, ein paar lokale Spezialitäten perfekt zuzubereiten. Vorzüglich und einfach! Zu Beginn bestand ihre Karte aus preiswerten Gerichten für eine hauptsächlich aus Arbeitern bestehende Klientel.«

»Warum gab es denn dieses ›Goldene Zeitalter‹?«, fragte Paco neugierig.

»Dafür waren mehrere Faktoren maßgebend. Zum einen waren die wirtschaftlichen Bedingungen zwischen den beiden Weltkriegen nicht gerade rosig... Viele bürgerliche Familien mussten sich von ihrer Köchin trennen, da sie ihren bisherigen Lebensstandard nicht beibehalten konnten. Also haben diese temperamentvollen Frauen ihr Glück versucht und das gemacht, was sie konnten: etwas Gutes kochen!... Die Zahl der von Mères geführten Restaurants nahm zu, es müssen damals so um die dreißig gewesen sein.«

»Alle Achtung! Das sind ganz schön viele!«

»Du sagst es… Zum anderen war auch die Entwicklung des Autotourismus und das damit verbundene Aufkommen von Gastronomieführern ausschlaggebend. Die zwei- bis dreitausend Privilegierten, die damals mit dem Auto durch Frankreich reisten, waren auf der Suche nach guten Adressen, um lokale Spezialitäten zu verkosten. Und um diese Nachfrage zu befriedigen, erschien Anfang des zwanzigsten Jahrhunderts der *Guide Michelin*. Im Lauf der Dreißigerjahre veränderte sich die Kundschaft der Mères. Firmeninhaber, Industrielle und angesehene Persönlichkeiten wollten genau diese familiäre, traditionelle und qualitativ hochwertige Küche. Dadurch wiederum wurde die Karte extravaganter, auch wenn man die ursprünglichen Gerichte beibehielt. Die Weihe wurde dieser Küche dann schließlich durch die Gastronomiekritik verliehen, die Persönlichkeiten hohen Ranges herbeilockte. Zu den ›Superstars unter den Mères‹ gehörte Mère Blanc mit einem Stern im Michelin von 1929. Im Jahr darauf machte sie den ersten Platz des Touring Club de France. 1933 erhielt sie einen zweiten Michelin-Stern, und kurz darauf ernannte der große Curnonsky sie zur ›besten Köchin der Welt‹!«

»Ach ja, wenn's weiter nichts ist! Das ist ja der Hammer!«

»Wichtig zu erwähnen ist auch, dass er Lyon die ›Weltstadt der Gastronomie‹ taufte… Aber das ist noch nicht alles. Mère Bourgeois war die Erste, die 1923 vom ›Club des Cent‹ ausgezeichnet wurde, 1927 hat sie den ›Prix culinaire de Paris‹ gewonnen und 1933 und 1936 drei Michelin-Sterne bekommen ... Und von Mère Brazier brauche ich gar nicht erst anzufangen ...«

»Die Berühmte!«, murmelte Paco.

»Die mit Kultstatus, willst du wohl sagen! Sie hatte zwei Restaurants: eines in der Rue Royale in Lyon, und dann hat sie ein zweites außerhalb der Stadt eröffnet. Man brauchte ein Auto, um dorthin zu kommen. Ein voller Erfolg: 1933 hat sie drei Sterne für jeden ihrer Betriebe erhalten ...«

»Das macht dann sechs!«

»Oder vielmehr zwölf, wenn man bedenkt, dass eine Frau doppelt so viel leisten muss, um anerkannt zu werden. Und dann ist da noch Mère Guy, die Enkelin der Vorreiterin, von der ich dir erzählt habe, die von 1936 bis 1939 drei Sterne erhielt. Kaiserin Eugénie dinierte bei ihr, wenn sie zur Kur in Aix-les-Bains war. Kannst du dir das vorstellen? ... Und bei Mère Bourgeois traf man den Aga Khan! Das ist doch ziemlich beeindruckend, wir sprechen hier schließlich von traditioneller, familiärer Küche mit Produkten aus der Region ... Die Mères hatten eine solch vortreffliche Qualität erreicht, dass gekrönte Häupter bei ihnen aufschlugen!«

»Das stimmt schon, ganz schön verrückt, wenn man darüber nachdenkt ...«

Laure machte eine Pause und lächelte dann versonnen.

»Es gibt da eine Mère, die mich besonders berührt, sie fiel ein bisschen aus dem Rahmen: Mère Bizolon ... Während des Ersten Weltkriegs richtete sie am Bahnhof Lyon

Perrache eine Imbissstube ein. Dort verteilte sie umsonst das ›Soldatenessen‹ an junge Männer, die ein paar Tage Fronturlaub hatten und nach Hause kamen, ehe sie wieder zurückmussten, um sich in den Gräben abknallen zu lassen. Ihr Sohn war 1915 an der Front gefallen, also kümmerte sie sich um die anderen, die Lebenden. Man nannte sie auch ›die Soldatenmutter‹. Während des Zweiten Weltkriegs machte sie das wieder, stieß damit aber nicht überall auf Zustimmung. 1940 wurde sie bei sich zu Hause überfallen und erlag wenige Tage danach ihren Verletzungen. Wie du siehst, waren die Mères auch das ... starke, manchmal harte Frauen, die ihr eigener Chef waren, ohne Ehemann, der ihnen im Weg oder bestenfalls hinter dem Tresen herumstand ... Sehr aufrechte und unglaublich großzügige Frauen!«

Laure trank die letzten Tropfen ihres kalt gewordenen Kaffees.

»Eine unter ihnen war so eine richtige Nummer ... Wir gehen übrigens heute Nachmittag in ihr Lokal: Mère Léa. Ende der Zwanzigerjahre fing sie bei der Familie Schneider an zu arbeiten, und 1981 ging sie in Rente. Natürlich hatte sie einen Stern im Michelin für ihr Champagner-Sauerkraut, vor allem aber ... und jetzt hör gut zu: Wenn sie auf den Markt ging, dann hatte sie einen Karren mit einem Schild dabei, auf dem stand: ›Achtung! Schwache Frau, aber große Klappe!‹«

»In meiner Familie, in Madrid, gibt es auch solche Exemplare!«, bekannte der Fotograf.

»Heute stehen die Mères nicht mehr hinter dem Herd... und zwar schon lange nicht mehr. Viele sind gestorben, dann kam die ›Nouvelle Cuisine‹ in den Siebzigerjahren auf – eine andere Philosophie... Aber sie haben die Gastronomie von Lyon geprägt, und nicht nur die Bouchons... Weißt du, wer Lehrling bei Mère Brazier war?«

»Die schon wieder? Also wirklich!«

Laure ging nicht auf Pacos Zwischenruf ein.

»Bocuse!«, rief sie, ohne ihre ungebrochene Bewunderung zu verbergen. »Der großartige Paul höchstpersönlich! Der ›Koch des Jahrhunderts‹ hat bei Mère Brazier gelernt... Ohne diese Frau wäre aus dem bedeutenden Mann vielleicht gar nichts geworden!«

9

Laure Grenadier und Paco Alvarez waren den ganzen Tag damit beschäftigt, von einem Bouchon zum nächsten zu ziehen. In jedem Lokal wurde die Journalistin von den Gastwirten, die große Stücke auf sie hielten, herzlich empfangen. Und auch wenn einige von ihnen schon so manches Mal einen unerfreulichen Kommentar in einem Artikel von *Plaisirs de table* hatten einstecken müssen, so waren sie nicht nachtragend. Sie wussten, dass die Kritik häufig gerechtfertigt war, und schätzten den fachlichen Austausch mit der jungen Frau. Laure ließ stets dieselbe begeisterte Bedachtsamkeit walten, vermied es, anderen verletzende Bemerkungen oder rechthaberische Äußerungen an den Kopf zu werfen, war stets darum bemüht, ihre Ansicht zu begründen und die Abläufe im Gastraum zu verbessern. Wenn es darum ging, die Zusammenstellung der Speisekarten und Menüs zu diskutieren, unverzichtbare Gerichte oder neue Kreationen zu verkosten, die Stimmung innerhalb eines Teams zu erfassen oder eine bemerkenswerte Veränderung in der Gestaltung eines Restaurants festzustellen, dann konnte man auf ihr verlässliches Urteilsvermögen zählen.

Im Lauf der Besuche häuften sich die Verkostungen für die Journalistin: *fonds d'artichaut au foie gras* – Artischockenherzen an Gänsestopfleber, *pâté en croûte Richelieu* – Pastete vom Schwein und vom Kalb im Teigmantel, *tête de veau sauce ravigote* – Kalbskopf in Kapern-Kräutervinaigrette, *quenelles de brochet aux écrevisses* – Hechtklößchen an Flusskrebsen, *maquereau glacé au vin blanc* – mit Weißwein abgelöschte Makrele, *salade de lentilles et cervelas* – Linsensalat mit Cervelatwurst, *gâteau de foies de volaille* – Geflügellebersoufflé, *saint-marcellin fermier* – Saint-Marcellin-Käse oder *cervelles de canut* – Quark-Ziegenkäse-Dip. Keine lokale Spezialität kam hier zu kurz. Paco wanderte währenddessen zwischen den Tischen umher und suchte nach einem Detail, das symbolisch für das Lokal stehen und seine Seele zum Ausdruck bringen könnte: ein Aushängeschild mit zwei Schweinen, die ein Kleeblatt im Mund hatten, geölte Holzbänke, naive Abbildungen eines Marionettentheaters neben sepiafarbenen Lithografien, alte Emailschilder, Kerzenständer aus Zinn und eine ganze Batterie an Siphonflaschen aus bunten Glasmosaiken, die glasierten Metro-Wandfliesen aus der Jugendstilzeit, zu einem Strauß aus weißer Baumwolle gefaltete Servietten, die Spiegelung eines Kupferkessels auf der Patina des Tresens oder aber das berühmte Foto von Mère Léa, die ihren Karren schiebt und mit fröhlichem Schmunzeln inmitten des alten Markts von Lyon herumspaziert.

Immer wieder kreisen die Unterhaltungen um denselben Themen: die Auswirkungen der Wirtschaftskrise; den leichten Geschäftsrückgang, der im Gastgewerbe spürbar war; die Schwierigkeit, qualifiziertes Personal zu finden; und unausweichlich die beiden Dramen, die den Ruf der Bouchons innerhalb von vierundzwanzig Stunden mit Blut befleckt hatten. Keiner hatte eine Erklärung für diesen Doppelmord oder auch nur eine vage Vermutung, aber die Anspannung und die Sorge waren spürbar. Allein die Tatsache, darüber zu sprechen, erlaubte es, diesen Schock zu verdauen, Ängste abzubauen und den Schrecken loszuwerden, um die kommenden Stunden zu bestreiten.

Da sie sich gezwungen sahen, ihre Arbeit zu unterbrechen, um den Betrieb zur Mittagszeit nicht zu stören, gönnten sich Laure und Paco eine Pause als Gast im *Bistrot de Lyon*. Die Journalistin begnügte sich mit einem grünen Salat mit Speckstreifen, Knoblauchcroûtons und pochiertem Ei, den sie kaum anrührte. Sie war nicht hungrig und zog es vor, sich den Appetit für die Verkostungen aufzusparen, die sie am Nachmittag erwarteten. Wie gewöhnlich ließ Paco die Atmosphäre des Lokals auf sich wirken, musterte den Schachbrettboden, betrachtete den dicken roten Samtüberzug der Sitzbänke, schritt die zahlreichen Gemälde ab, die pompös über der dunklen Holzvertäfelung hingen, und bestellte schließlich, nachdem er angesichts der Karte zunächst etwas unschlüssig war, eine *tête de veau sauce gribiche* – einen Kalbskopf an Kapern-Kräuter-Mayonnaise.

Das Essen verlief schweigend, jeder hing seinen Gedanken nach. Laure versuchte, an den Gesichtern der Gäste etwas abzulesen: Die meisten schienen ihr einen besorgten Eindruck zu machen. Von Zeit zu Zeit, zwischen lautem Stimmengewirr, vernahm sie bruchstückhafte Gesprächsfetzen, erschrockenes Geflüster, morbide Überlegungen. Die jüngsten Ereignisse warfen dieselben Fragen, dasselbe Unverständnis auf. Ganz offenkundig war die behagliche Atmosphäre der Bouchons erschüttert worden und reichte nicht mehr aus, um bei denen, die dort den Genüssen des Lebens frönen wollten, Zuversicht zu verbreiten. Der Fotograf hingegen schien diesen stummen Aufruhr nicht wahrzunehmen und saß tief über seinen Teller gebeugt da, gleichermaßen ernst und bedacht. Schon beim ersten Bissen stellte er zu seiner großen Überraschung fest, dass sein Gericht trotz des wenig verlockenden Namens und Anblicks wirklich einen Umweg wert war.

Der Nachmittag verlief in einem gut eingespielten Ritual. Laure bekam Kostproben der Spezialitäten aufgetischt und machte sich dazu Notizen, während Paco sich umsah, den Fotoapparat an die Wange gepresst. Es wurde bereits dunkel, als sie auf dem Weg ins Hotel waren. Zu ihrer großen Erleichterung hatten sie ihr geplantes Programm tatsächlich geschafft. *Le Vivarais, Le Saint Cochon, Chez Mounier, Le Poêlon d'Or, La Voûte Chez Léa, Chez Sylvie, La Mère Jean*: Alle Lokale, die auf ihrer Liste standen, hatten ihre Erwartungen erfüllt.

Als die Journalistin endlich in ihrem Hotelzimmer war, ließ sie sich genüsslich aufs Bett fallen, zog die Lederstiefeletten aus, warf sie achtlos auf den Boden und öffnete den

Knopf ihrer Jeans. Sie war etwas erschöpft, doch bevor sie sich für den Abend zurechtmachte, musste sie noch Daphnée Fromentin anrufen, ihre Assistentin in der Zeitschriftenredaktion.

Um zu entspannen, gab es nichts Besseres, als sich auf zweitausend Jahre indischer Weisheit zu besinnen. Laure stellte sich aufrecht hin, mit geschlossenen Beinen, den Kopf gerade, den Blick parallel zum Boden, die gestreckten Arme leicht nach hinten und Richtung Boden gedrückt: Tadasana, »die Berghaltung«, eine ihrer Lieblingshaltungen beim Yoga. Gleich darauf atmete sie tief ein, verschränkte die Hände vor der Brust, hob die Arme über den Kopf und spannte die Beinmuskeln an, um ein Hohlkreuz zu vermeiden. Sie achtete darauf, ihren Nacken zu entspannen und zwischen jedem Rückenwirbel Raum zu schaffen. Dann beugte sie sich nach vorn, legte die Hände auf den Boden, um so etwaige Anspannungen im Becken und unteren Rücken zu lösen. Uttanasana, eine gewollte, sehr intensive Dehnung, um ein Gefühl der Ruhe zu erfahren und den Kopf freizubekommen. Nach ein paar Minuten fühlte sie sich bereit, um im Büro anzurufen.

»Guten Abend, Daphnée, ich bin's, Laure.«

»Guten Abend, Laure... Und, habt ihr für heute alles geschafft?«

»Ja, Mission erfüllt! Und jetzt kümmere ich mich um... den ganzen Rest! Erzähl mal, wo es hakt.«

»Da gibt es so einiges...«

Laure betrachtete das Fruchtkonfekt, das als kleine Aufmerksamkeit für sie auf dem Nachttisch bereitlag, und probierte ein Stück.

»Große Schwierigkeiten mit dem Thema des Monats: unseren heiß geliebten Jakobsmuscheln... Die Abzüge der Fotos sind katastrophal geworden – für beide Rezepte: für Jakobsmuscheln an Petersilie und das Zitrusfrüchtecarpaccio.«

»Okay. Das ist nicht gut... Es steckt verdammt viel Arbeit in der Vorbereitung für die Aufnahmen des Carpaccios. Wenn man da nicht aufpasst, sehen die Fotos nämlich nach gar nichts aus...«

»Genau! Und dann haben wir noch ein riesengroßes Problem mit der Auflösung bei den Fotos für die Rubrik ›Frisch vom Markt‹!«

»Wie groß?«, fragte Laure besorgt.

»Tja, man sieht keinen Unterschied zwischen einer Jakobsmuschel, die frisch aus dem Wasser kommt, perlmuttfarben schimmert und wunderschön ist, und den ausgetrockneten und fast schon verrotteten!«

Daphnée Fromentin wusste, wie heikel dieses Thema war. Vor einigen Jahren hatte Laure die Idee gehabt, den Zustand der Zersetzung eines Nahrungsmittels über mehrere Tage hinweg in vier, fünf Fotos festzuhalten, um damit den Leser für künftige Einkäufe zu erhellen. Der Vorschlag war angenommen worden, und diese neue Rubrik hatte es der damals noch blutjungen Journalistin erlaubt, auf sich aufmerksam zu machen.

»Ohne diese Fotos«, fuhr Daphnée fort, »entspricht das

Thema des Monats nicht mehr den Erwartungen von *Plaisirs de table*! Ich kann mir die Leserbriefe schon vorstellen, außerdem könnten wir damit unseren Ruf kaputt machen! Also habe ich gedacht... dass Paco uns hier vielleicht aus der Patsche helfen könnte?!«

»Unmöglich! Er hat hier alle Hände voll zu tun. Unsere Tage sind voll mit Terminen... Okay, wir haben den Redaktionsschluss noch immer irgendwie rechtzeitig geschafft... also sollten wir das auch jetzt wieder hinbekommen, wie immer eben...«

»Wir müssten uns aber auch noch um zwei, drei kleinere Problemfälle kümmern, wie darum, dass uns ein freier Journalist für ein Interview mit einem Fischer, der nach Jakobsmuscheln taucht, hängen lässt, ein anderer bei drei Rubriken ›Einkaufsliste‹, die wir jetzt selbst stemmen müssen, und abgesehen davon haben wir dann noch... zu viel Werbung!«

»Was? Sag jetzt bloß nicht, dass wir den Umbruch noch mal angehen müssen!«

Laure stieß einen langen Seufzer aus, atmete tief ein und dachte an eine Yogahaltung, die sich immer ganz wohltuend auf ihr Zwerchfell ausgewirkt hatte.

»Na gut«, presste sie knapp hervor, »deine Schilderung ist nicht gerade erfreulich, aber es könnte schlimmer sein! Die ganzen Computer, Archive und Back-ups sind uns doch noch nicht durchgeschmort, oder?«

»Ähm... nein. Das nicht!«

Laure schwieg einen Moment, das Telefon ans Ohr gepresst, und suchte vergeblich nach einer Möglichkeit, wie sie noch mehr Stunden in einen Tag quetschen konnte. Daphnée wartete geduldig ab, sie wusste bereits, zu welchem Schluss die Chefredakteurin kommen würde.

»Daphnée?«

»Ja...«

»Ich werde Paco bitten, morgen eine Fotoreportage bei Bocuse zu machen. Er soll dort allein hin, und ich nehme einen TGV. Ich versuche, den um sieben oder halb acht zu erwischen, im schlimmsten Fall den um acht. Dann bin ich um halb elf im Büro.«

»Alles klar! Dann sag ich dir mal gute Nacht... bis morgen früh!«

Nachdem sie aufgelegt hatte, verschaffte Laure ihrem Ärger kurz mit Flüchen Luft, die sie sich vor ihrem Team verbat. Wieder einmal würde sie in einem ohnehin superengen Zeitplan mit Schwierigkeiten jonglieren müssen. Sie dachte an ihre Verabredung bei *La Mère Brazier* und überlegte einen winzigen Augenblick, ob sie das Essen mit Jean-Philippe Rameau nicht absagen sollte, besann sich aber schnell wieder. Für das hier gab es nur eine Lösung: ein heißes, wohlduftendes Bad, um die schon angestaute Müdigkeit zu vergessen, genau wie das Lächeln von Gilles Mandrin, als sie sich nach dem Mittagessen von ihm verabschiedet hatte, die zurückgehaltenen Tränen von Cécile Frangier beim spontanen Kaffeetrinken oder die drückende Atmosphäre, die in den Restaurants der Stadt herrschte.

Sobald die Badewanne mit dichtem Schaum gefüllt war, prüfte Laure die Temperatur mit der Zehenspitze. Ein Schauder durchlief sie von Kopf bis Fuß. Das betrachtete sie als gutes Zeichen für den Verlauf des weiteren Abends.

10

Laure hatte nichts dem Zufall überlassen. Ihr auf Taille geschnittenes kleines Schwarzes unterstrich ihre Silhouette und betonte ihr schmales Becken. Der U-Boot-Ausschnitt gab den Blick auf die Mulden am Schlüsselbein frei, lud buchstäblich dazu ein, einen Kuss darauf zu platzieren. Die Dreiviertelärmel betonten ihre zierlichen Handgelenke und suggerierten dem, der es wert war, die Initiative zu ergreifen. Als einzigen Schmuck hatte sie eine Brosche gewählt, ein karminrotes Modeschmuckstück in Form einer Kamelie, passend zu ihrem Handtäschchen aus Seide. Um ihre Silhouette noch etwas zu strecken, hatte die junge Frau sich für ein paar klassische Pumps entschieden, deren elf Zentimeter hohe Absätze keine langen, romantischen Spaziergänge zuließen. Ohne etwas herauszufordern, waren sie doch ein elegantes Argument, um sich bis zum Hotel zurückbegleiten zu lassen.

Von der Rückbank des Taxis betrachtete Laure die schimmernden Lichter, die den Quai Jean-Moulin erhellten. Zu ihrer Rechten floss die Rhône ruhig dahin, fast schon harmlos, ließ ihre vergangenen Überflutungen vergessen. Laure liebte diese Stadt, deren bedeutende Geschichte von bunten Anekdoten gefüllt war. Beim nächsten Thema des Monats von *Plaisirs de table* musste der Schwerpunkt unbedingt auf der legendären Person von Eugénie Brazier liegen: wie man sie im Alter von zehn Jahren nach dem Tod der Mutter auf einem Bauernhof untergebracht hatte, ihre Arbeit als Kuh- und Schweinehüterin, die Geburt ihres außerehelich gezeugten Sohnes, wie sie sich, ganz allein, in Lyon niederließ, ihre Arbeit bei einer bürgerlichen, durch Teigwaren vermögend gewordenen Familie, ihre Lehre bei Mère Fillioux, ihre Anfänge in der Rue Royale, in einem Lokal, das gerade mal fünfzehn Personen Platz bot, ihr sofortiger Erfolg, ihre Sterne, ihre Arbeitsbedingungen mit Gaston, ihrem einzigen Sohn, und später dann die Übernahme des Lokals durch ihre Enkelin Jacotte. Natürlich musste auch das Eintreffen ihres berühmtesten Lehrlings 1945 erwähnt werden: des jungen Paul Bocuse, der von den Kämpfen der Libération zurückkehrte, verwundet und ordengeschmückt, der seine ersten Schritte als Koch bei ihr machte. Eine harte Epoche, in der ein blutiger Anfänger rund um die Uhr in der Küche schuften, sich gleichzeitig aber auch um den Gemüsegarten kümmern, die Kühe melken, die Wäsche waschen und bügeln musste...

Das Auto verließ das Flussufer, bog nach rechts ab und fuhr zur Rue Royale hinauf. Auf Höhe der Hausnummer 12 erkannte die Journalistin das rot-weiße Aushängeschild des *La Mère Brazier*, die Eisengitter vor den riesigen Fenstern, die nüchterne und strenge Vorderfront, die nunmehr einem Mythos gleichkam.

Kaum dass sie das Lokal betreten hatte, wurde die junge Frau vom Maître d'hôtel auch schon mit einem »Chère Madame Grenadier« begrüßt, ehe er sich in Entschuldigungen erging: Jean-Philippe Rameau habe ihn erst am selben Tag angerufen, er sei seit Langem völlig ausgebucht, alle Séparées seien besetzt, er könne ihr nur einen Tisch in der Nähe der Theke anbieten. Laure beruhigte ihn: Ganz bestimmt werde sie hier einen angenehmen Abend verbringen.

Jean-Philippe Rameau wartete seit einer Viertelstunde an seinem Tisch, den Blick unablässig auf das Handy gerichtet. Er achtete nicht auf die Dekoration des Lokals, auf den harmonischen Mix von Holz und Keramik, die beigen und blaugrauen Farbtöne, den gelungenen Kontrast zwischen dem Zink der Theke und der eleganten, klaren Beleuchtung oder den nüchternen Gemälden, die die Wände schmückten und dem Lokal einen entspannten und edlen Charakter verliehen.

Laure bedeutete dem Maître d'hôtel, dass er sie allein lassen könne, begab sich zu ihrem Stuhl und setzte sich wortlos. Überrascht blickte der Journalist von seinem Handy auf, wirkte verwirrt und unentschlossen. Er schien sich nicht im Klaren zu sein, ob er aufstehen und Laure zur Begrüßung auf die Wangen küssen oder aber seine Nachricht zu Ende lesen sollte. Mit kühlem Blick gab sie ihm zu verstehen, Sitzenbleiben sei zu bevorzugen, und fragte ihn ohne Umschweife, ob er überhaupt Zeit für sie habe. Umgehend steckte er das Handy in seine Jackentasche. Bestrebt, diesen schlechten Start wiedergutzumachen, suchte er nach einem Gesprächsthema und fing mit dem erstbesten an, das ihm in den Sinn kam: mit dem legendären Restaurant, in dem sie sich trafen. Laure hörte ihm zu, wie er sich in einer Litanei von Plattitüden erging, amüsierte sich einen Moment darüber, ehe sie sich aus der Reserve locken ließ und sich am Gespräch beteiligte.

Sie sprachen von der Rue Eugénie Brazier, die es seit 2003 wenige Meter vom Restaurant entfernt gab, aber auch vom Aufkauf des Lokals 2008 durch Mathieu Viannay, von seinen zwei Sternen im *Guide rouge* und der Relevanz der durchgeführten Umbauarbeiten. Beide begrüßten es, dass die Jugendstil-Fayencen, das Parkett und die berühmten Fensterfronten beibehalten worden waren. Sie sprachen über die Zusammenstellung der Speisekarte, die gut durchdacht ursprüngliche Gerichte neben neuesten Kreationen des Chefs anbot. Jean-Philippe Rameau gab zu, dass er an diesem Abend niemals einen Tisch bekommen hätte, hätte er nicht ausdrücklich erwähnt, seine Begleitung sei Laure Grenadier, die berühmte Gastronomiekritikerin.

»Dein Name ist ein regelrechtes ›Sesam öffne dich!‹«, flüsterte er und zwinkerte genüsslich.

»Und manchmal macht er einem auf gewisse Dinge Lust …«, antwortete Laure mit einem ebenso verführerischen wie ironischen Lächeln.

Beim Bestellen zögerte Laure kurz. Sie war versucht, die berühmte *poularde demi-deuil* – die Trüffel-Poularde zu nehmen, doch nach ihrer Verkostungstour war sie sich nicht sicher, ob sie es mit einem Geflügel von 2,2 Kilo aufnehmen könnte. Also machte Jean-Philippe Rameau einen Vorschlag: Er würde heute Abend auf die *mousseline de brochet, homard et petits légumes, jus de carapaces à l'absinthe* – das Püree vom Hecht, Hummer mit buntem Gemüse an Absinth-Krustentiersauce verzichten und sich das Gericht mit ihr teilen. Im Gegenzug würde die Journalistin vor ihrer Abreise aus Lyon ein zweites Mal mit ihm hierher zum Essen gehen und den Hummer zusammen mit ihm verspeisen. Sie fand diesen Vorschlag angemessen und war einverstanden.

Der Sommelier ließ Laure die Flasche Morey-Saint-Denis Premier Cru versuchen, die sie bestellt hatte. Der Cuvée »Les Ruchots« aus der Domaine Amiot, Jahrgang 2007, war ein rassiger, eleganter und mächtiger Wein, und Laure ließ sich Zeit, schlürfte ihn etwas durch die Zähne, um die Gerbstoffe zu schmecken, ehe sie ihn für gut befand. Sobald der Kellner weg war, schlug Jean-Philippe Rameau vor, dass jeder von ihnen einen Toast ausbringen sollte.

»Auf die Freundschaft mit einem großen F«, brachte er selbstbewusst vor.

Laure beschloss, neutraler zu bleiben:

»Auf das Leben!«

»Du hast recht«, bemerkte der Journalist ironisch und führte das Kristallglas zum Mund. »Das ist momentan eher Mangelware...«

»Denkst du an die beiden...?«

Sie seufzte traurig und fuhr dann fort: »Kanntest du sie... persönlich?«

»Wir waren nicht wirklich befreundet, aber ich hatte ein gutes Verhältnis zu ihnen... vor allem zu Gilles Mandrin.«

Zwei Kellner traten näher und warteten höflich, bis man sie bemerkte, ehe sie den Gruß aus der Küche ankündigten. Er wurde in andächtigem Schweigen verspeist. Laure schloss die Augen, um sich besser auf die verschiedenen Aromen zu konzentrieren, die man ihnen aufgetischt hatte. Jean-Philippe schluckte alles hinunter, ohne sich lange damit aufzuhalten, und sprach weiter.

»Und du...? Ich nehme an, du bist mit ihrer Küche vertraut?«

Die junge Frau wurde aus ihrem wohligen Glücksgefühl gerissen und kehrte abrupt zurück ins Hier und Jetzt.

»Ja, das kann man durchaus so sagen«, stimmte sie zu. »Weißt du, ob die Polizei irgendeine Spur hat?«

Jean-Philippe Rameau tat, als würde er an seinem Glas riechen, um sich etwas Zeit zum Nachdenken zu verschaffen.

»Sagen wir mal so... sie haben momentan noch keinen Verdächtigen. Aber...«

Er ließ den Blick durch den Raum wandern, vergewisserte sich, dass wirklich niemand sie hören konnte. Versunken in die Raffinesse der Gerichte und gesättigt von ihren ekstatischen Kommentaren, achteten die Gäste überhaupt nicht auf die beiden Journalisten.

»Was genau weißt du?«, fragte er mit einem Mal ernsthafter.

»Ich meine verstanden zu haben, dass Jérôme und Gilles zuerst einen Schlag abbekamen und dann mit Plastiktüten erstickt wurden, ehe man die Kasse entwendete. Das ist alles.«

»Okay. Du behältst das, was ich dir gleich sage, für dich... Die Polizei spricht nicht darüber, um zu verhindern, dass sich eine Massenpanik in der Stadt breitmacht. Damit ist es wirklich ernst... Thévenay und Mandrin sind in der Tat erstickt worden, aber man hat sie auf genau dieselbe Weise ermordet: ein Schlag auf den Hinterkopf, die Hände mit einer dicken Paketschnur auf dem Rücken zusammengebunden und den Kopf in eine Mülltüte gesteckt, die um den Hals festgebunden war.«

»Wie schrecklich! Beide Male dieselbe Vorgehensweise?«

»Ganz genau. Dieser Modus Operandi ist nicht gerade üblich... Die Polizei geht davon aus, dass an beiden Abenden derselbe Täter zugeschlagen hat.«

»Wenn du vom selben Täter sprichst...«

»Es handelt sich vermutlich um einen Serienmörder, der es auf die Bouchons von Lyon abgesehen hat...«

Laure nahm einen großen Schluck Burgunder, als wollte sie das soeben Gehörte schnell hinunterspülen. Sofort kam ein Kellner, um ihre Gläser aufzufüllen und das benutzte Geschirr abzutragen, ohne dass seine Gegenwart im Geringsten gestört hätte.

»Aber warum? Wegen eines einfachen Diebstahls?«

»Der gesamte Kasseninhalt ist gestohlen worden... aber dennoch gehen die Ermittler nicht von einem Diebstahl aus, bei dem etwas schiefgelaufen sein könnte... Ein völlig verzweifelter Typ wäre niemals so ausgeklügelt vorgegangen. Er wäre eingedrungen, hätte sich ein Messer geschnappt, ein Gemetzel veranstaltet, und Punkt! Augenscheinlich haben wir es hier mit einem sehr viel komplexeren Fall zu tun...«

Laure wägte die Konsequenzen dieser Neuigkeit ab.

»Es sieht also aus wie eine Art Ritual, ein Vorgehen, bei dem alles auf dieselbe Weise wiederholt wird... Wie eine Unterschrift... ein Bekenntnis vielleicht?«

Jean-Philippe Rameau schwieg, lauschte Laures Worten mit gerührtem Blick. Er fand sie noch verführerischer, wenn sie konzentriert nachdachte, mit ihrem durchdringenden Blick, der energischen Stirn und den leicht feuchten, geschürzten Lippen.

»Du denkst, ich ziehe falsche Schlüsse? Dass ich zu viele Fernsehserien gesehen habe?«

»Überhaupt nicht. Du hast die richtigen Schlüsse gezogen, doch momentan sehen wir uns dem Problem gegenüber, dass diese Unterschrift der einzige Hinweis ist, über den die Polizei verfügt... Vor Ort wurde nichts gefunden: keine Fingerabdrücke, keine Beweisstücke, die auf den Täter hinweisen könnten. *Nada.* Ganz zu schweigen von DNA-Spuren, die Rückschlüsse zuließen. Du kannst dir bestimmt vorstellen, wie schwierig es ist, an einem so viel frequentierten öffentlichen Ort zu ermitteln... und kein einziger brauchbarer Zeuge.«

»Tja, dann werde ich dich jetzt über etwas in Kenntnis setzen«, sagte Laure.

Ohne ihre Quelle zu nennen, erzählte die junge Frau Jean-Philippe Rameau die Geschichte des mysteriösen Unbekannten, der plötzlich aufgetaucht war und Bouchons in Lyon aufkaufen wollte, um daraus Nachtclubs zu machen. Der Journalist hörte aufmerksam zu, wirkte aber skeptisch.

»Ich habe von der Geschichte gehört, das liegt zwei, drei Jahre zurück, aber ich glaube nicht daran.«

»Warum?«

»Weil jeder hier weiß, dass der Tod eines Gastwirts nicht gleichzeitig der Tod des Bouchons ist. Eine Ermordung ist ganz bestimmt nicht die geeignete Lösung, wenn man ein solches Lokal übernehmen will.«

»Aber hier schaltet er ja nicht nur jemanden aus… er macht vor allem den anderen Angst… Eine Art Einschüchterung für die, die zurückbleiben, für die Lebenden!«

»Nicht ganz… Niemand oder sagen wir besser, nur sehr wenige wissen, dass die beiden Betreiber auf die exakt gleiche Weise umgebracht wurden.«

»Ich verstehe… Es sieht in jedem Fall so aus, als wärst du bei dieser Angelegenheit gut im Bilde… Berichtest du beim *Progrès* darüber?«

»Ja, genau«, bestätigte Jean-Philippe Rameau und blickte freudig dem Gericht entgegen, das er sich endlich mit Laure teilen würde.

Zwei Kellner traten an ihren Tisch. Der erste präsentierte ihnen die Poularde, deren schwarzweiße Färbung von den Trüffelscheiben herrührte, die man ihr unter die

Haut geschoben hatte. Mit sicherer, ruhiger Hand trennte er das Brustfilet ab und verteilte es auf die beiden vom anderen Kellner bereits mit Gemüse garnierten Teller. Nachdem er das ganze Geflügel zerteilt hatte, wurden Flügel und Schlegel in die Küche zurückgebracht, wo sie im Salamander-Ofen warm gehalten würden, bis man sie später servierte. Als sie wieder allein waren, fuhr Jean-Philippe Rameau fort.

»Diese Geschichte wird wohl einen Großteil meiner Zeit beanspruchen! Mein Chefredakteur will, dass ich mich da ganz reinhänge.«

»Du glaubst, dass die Ermittlungen länger dauern werden und komplizierter sind, als man annimmt?«, fragte Laure.

Sie beugte sich über ihren Teller und sog das dezente Aroma der Bouillon in sich auf, in der die Poularde über vier Stunden geköchelt hatte.

»Ich bin überzeugt, dass diese Geschichte gerade erst so richtig anfängt...«

»Was willst du damit andeuten?«

»Vergiss nicht, dass wir hier von einem Serienmörder sprechen. Vorgestern Abend, nach Feierabend, der erste Mord... Gestern, nach Feierabend, der zweite... Wer sagt uns, dass er es dabei belässt? Vielleicht macht in zwei, drei Stunden in irgendeinem Bouchon in der Stadt ein weiterer Gastwirt ahnungslos die Kasse oder zieht das Metallgitter zu, um nach Hause ins Bett zu gehen, und wird mit einem Müllsack über dem Kopf erstickt?«

»Willst du damit sagen, dass der Mörder heute Abend wieder zuschlagen wird?«

»Für mich wäre das nur logisch! Deshalb hatte ich ein Auge auf meine Nachrichten, als du kamst«, gab der Journalist zu. »Für den Fall, dass es etwas Neues gibt: Verdächtige, die sich bei einem Restaurant herumtreiben, irgendein Hinweis, der es der Polizei ermöglicht zuzuschlagen, ehe… Kurz, ich muss ständig an der Geschichte dranbleiben!«

»So habe ich das gar nicht gesehen…«, räumte Laure ein.

Jean-Philippe Rameau, dessen Interesse mit einem Mal etwas ganz anderem galt, spießte ein Stück Huhn auf und hielt es Laure fürsorglich hin.

»Darf ich dich kosten lassen?«

11

Als Laure ins Hotel zurückkam, fand sie Paco allein in der kleinen Lounge neben der Rezeption vor, den Laptop unbeachtet auf dem Sessel neben sich. Paco saß über den Couchtisch gebeugt da und versuchte, durch Schnipsen des Zeigefingers mit Pistazien Tore zwischen einer leeren Bierflasche und einem Glas zu erzielen. Mit gekrümmtem Rücken und eingesunkenen Schultern schoss er lustlos einen Elfmeter nach dem anderen ins Tor.

Zum Abendessen hatte er sich mit einem Sandwich vom Supermarkt um die Ecke begnügt, das er schnell auf dem Zimmer vor dem Fernseher verdrückt hatte. Danach war er zum Arbeiten in die Lounge gegangen und hatte einen Großteil des Abends damit zugebracht, die tagsüber aufgenommenen Fotos am Computer zu sichten. Ein paar hatte er neu zentriert, andere hatten eine Nachbearbeitung benötigt. Von den vier beigefarbenen Sesseln im Raum hatte er den gewählt, der es ihm ohne große Anstrengung erlaubte, den Rezeptionisten und die Gäste zu erspähen, die den Schlüssel zu ihrem Zimmer abholten. Der von Laure Grenadier hing noch an der Wand, das hatte er überprüft, als er am Empfang vorbeigekommen war.

Der Verantwortliche für den Empfang musste sich ein paar Minuten entfernt haben, Paco hatte jedenfalls nicht gehört, wie Laure ins Hotel gekommen war. Unbemerkt von ihm beobachtete sie, wie er sich im Sessel zurücklehnte und sich streckte, die Arme über dem Kopf. Sie dachte bei sich, dass er ganz offenbar resistent gegen ihre vom Yoga inspirierten Ratschläge war, und setzte sich auf den Sessel neben ihn.

»Ach!«, sagte er überrascht. »Du bist allein... äh... schon wieder da?«

»Schon ist gut... So früh ist es auch nicht mehr. Und du, noch nicht im Bett?«

»Ich hab gearbeitet.«

»Das habe ich gesehen!«

»Gerade hab ich eine Pause gemacht... Hattest du einen schönen Abend?«

»Das Essen war köstlich. Die beiden Sterne sind redlich verdient. Wir haben übrigens auch mit Mathieu Viannay darüber gesprochen.«

»Der Chef ist zu dir an den Tisch gekommen?«

»Nach dem Essen, da konnten wir dann ein bisschen reden. Ich wäre gerne länger geblieben, aber ich muss morgen früh raus. Ich bin schon müde, wenn ich nur daran denke.«

Paco hatte sich aufgerichtet und sammelte jetzt die Pistazienschalen ein, die auf dem dicken braunen Teppich gelandet waren. Als er sich wieder setzte, erklärte Laure ihm, dass sie am nächsten Tag in die Redaktion nach Paris und wieder zurückfahren musste. In groben Zügen erläuterte sie ihm die Schwierigkeiten, mit denen Daphnée sich konfrontiert sah, die neu zu machenden Fotos, die freien Journalisten, die nicht lieferten, und fasste die Änderungen im Layout und im Inhaltsverzeichnis rasch für ihn zusammen. Der Fotograf war begeistert, für die Reportage bei Bocuse am nächsten Tag zuständig zu sein, doch er traute sich nicht, ihr zu sagen, dass er gar nicht so unglücklich darüber war, dass sie Lyon vorübergehend verließ.

Dann weihte die Journalistin ihn in die vertrauliche Mitteilung ein, die Jean-Philippe Rameau ihr während des Abendessens gemacht hatte.

»Kannst du dir das vorstellen, Paco? Wir sitzen hier ganz gemütlich beisammen und reden, und vielleicht wird gerade irgendjemand irgendwo mit einem Müllsack über dem Kopf erstickt. Vielleicht einer der Gastwirte, die wir heute getroffen, mit denen wir geredet haben...«

»Das ist völlig verrückt! Hast du ihm von dem Hinweis von deiner Freundin Cécile erzählt?«

»Er weiß von dieser Geschichte, glaubt aber nicht, dass das der Täter sein soll... Jedenfalls ist er nicht weiter auf diese Möglichkeit eingegangen.«

»Und was ist mit dem Motiv für die Diebstähle?«

»Die Einnahmen sind verschwunden, doch genau wie die Polizei hält er diese Angelegenheit für komplizierter...«

Man vernahm ein kurzes Klingeln, mit dem sich eine eingegangene Nachricht ankündigte. Ohne nachzudenken, griff Laure zu ihrem Täschchen, das sie auf dem Couchtisch abgelegt hatte, und holte ihr Handy heraus.

»Man könnte meinen, du erwartest jemanden«, bemerkte der Fotograf beunruhigt.

»Mein lieber Paco, wenn man die glückliche Mutter einer Fünfzehnjährigen ist, die mitten in der Pubertätskrise steckt, und man mehrere Tage verreisen muss, dann sieht man sich seine Nachrichten zu jeder Tages- und Nachtzeit an! Vor allen Dingen nachts übrigens...«

Laure gab die PIN-Nummer ihres Handys ein.

»Tja, nein, das war nicht Amandine.«

»Bestimmt ist es Rameau, der dich hier mit seinen Theorien heimsucht, oder?«

»Nein, es ist Cécile... Die Beerdigung ist übermorgen um elf Uhr.«

»Gehst du da hin?«

»Natürlich! Ich weiß nicht mehr, was wir um diese Zeit eigentlich vorhatten, aber das richten wir ein... Also, ich geh dann mal ins Bett... Aufstehen muss ich nämlich in...«

Sie schaute auf Pacos Uhr und seufzte.

»Das rechne ich mir besser nicht aus... Na dann, gute Nacht!«

»Gute Nacht, Laure. Versuch, nicht zu sehr an diese ganzen Geschichten zu denken. Das hat dir bereits dein... Treffen... mit Rameau vermiest«, wagte Paco zu sagen.

Laure war aufgestanden und verließ die Lounge; sie drehte sich um und lächelte dem Fotografen zu.

»Du meinst doch eigentlich ... meine Nacht, oder?«

Ohne seine Antwort abzuwarten, fuhr sie fort:

»Lass uns mal nicht übertreiben. Der Mörder hat keinen Einfluss auf das ... vergnügliche Programm.«

»Ach ja?«

»Sagen wir mal so, manchmal geht eine Frau mit einem Mann essen, und wenn sie sieht, wie er isst, dann vergeht ihr die Lust, sich von ihm anknabbern zu lassen ... Mehr hat es damit nicht auf sich.«

Laure winkte ihm zum Abschied zu und ging dann für ein paar Stunden ins Bett. Erleichtert sammelte Paco die verbliebenen Reste seiner improvisierten Torschüsse auf dem Teppich ein. Er fand eine Pistazie auf dem Teppich, die noch voll war. Er öffnete sie, warf sie in die Luft und verschlang sie triumphierend.

12

In der obersten Etage der Rue du Montparnasse Nr. 13 herrschte eine geschäftige und leicht angespannte Atmosphäre. In der Redaktion von *Plaisirs de table* wirbelte man mit einer diffusen Betriebsamkeit durcheinander, die ab und an von einem Ausbruch der Übellaunigkeit begleitet wurde. Zwei Grafiker saßen wie festgeschraubt vor ihren Bildschirmen, gaben nur vor, locker zu sein. Eine Korrektorin tobte in ihrer Ecke und ließ ihren Ärger an einem jungen, langhaarigen Praktikanten aus, der mit Fotokopieren (»Schneller, verdammt!«), dem Überprüfen der Seiten (»Geht's noch langsamer?«) und dem Zubereiten des Kaffees (»Zu heiß! Zu wenig Zucker!«) beauftragt war. Mehrere freie Journalisten waren hergekommen, um ihre Artikel fertigzustellen und ihnen den letzten Schliff zu geben. Daphnée Fromentin ging von einem zum anderen, lief mit großen Schritten durch das *open space*, das in mildes Herbstlicht getaucht war.

Der zuständige Redakteur der Rubrik »Genuss aus Ihrer Küche« war bei seiner Reportage über die »Leserin des Monats«, die ihre häusliche Privatsphäre enthüllen durfte, auf ernsthafte Probleme gestoßen. Mit zwei, drei gut formulierten Wendungen hatte die Redaktionsassistentin das Problem in den Griff bekommen und die Sechzigjährige, langjährige Abonnentin von *Plaisirs de table*, am Ende sympathisch dargestellt, obwohl sie über das Thema der molekularen Küche Gift und Galle gespuckt hatte. So wurde ein diplomatisches Debakel vermieden. Man musste an allen Fronten zugleich sein: hier ein Zwischentitel, dem es an Schneid fehlte, da eine Headline, die nicht knackig genug war, oder eine aus der Mode gekommene Schrift, zwei Seiten weiter ein schlecht erstellter Infokasten oder ein lieblos überarbeitetes Foto.

Kaum dass sie aus dem Zug ausgestiegen war, saß Laure Grenadier auch schon in einem Taxi auf dem Weg ins Büro, wo ihre Sekretärin seit halb neun im Einsatz war. Die Themen des Monats waren bei Weitem noch nicht fertig, der Umbruch musste noch einmal vollständig durchgesehen werden, und nur die Kolumnen über Kochbücher, Weinbegleitung und süße Leckereien waren fertig. Unterm Strich stand noch einiges an, aber es war zu bewältigen, wenn man den Überblick behielt und Prioritäten setzte.

»Haben wir einen Fotografen, um die Sache mit den Jakobsmuscheln hinzubekommen?«, erkundigte sich Laure.

»Grundsätzlich ja ... Ich bekomme die Bestätigung vor zwölf«, antwortete die Redaktionsassistentin, die nebenbei die drei verhedderten Stränge ihrer Halskette aus Metall, Leder und Gagat ordnete, die ihr ebenso großzügiges wie tief ausgeschnittenes Dekolleté betonten.

»Die zusätzlichen Seiten mit Werbung kommen ganz

gelegen ... Das ist gut für die Finanzen. Dann sparen wir uns einfach die Rubriken ›Blitzgerichte‹ und ›Kochen mit Kindern‹ ... und wir nehmen weniger Leserbriefe rein. Eine Seite reicht hier ... Falls du noch etwas mehr Platz brauchst, dann streichen wir das ›Porträt des Küchenchefs‹ ... Im Dossier über Lyon bringe ich genügend Persönlichkeiten, so vermeiden wir eine Doppelung.«

»Okay, das kommt mir sehr entgegen ... An den ›Einkaufslisten‹ ändern wir nichts?«

»Nein, da haben wir bei manchen Produkten einen Deal mit Werbebuchung, das käme nicht gut ... Notfalls wäre es mir lieber, du würdest die Rubrik ›Tipps und Tricks‹ streichen.«

»Daran habe ich auch schon gedacht.«

Seit über fünf Jahren arbeitete Daphnée Fromentin mit tadelloser Sorgfalt am Erstellen der Zeitschrift mit, was die beiden Piercings im linken Nasenflügel, die rabenschwarzen, zum lockeren Irokesen hochtoupierten Haare und die dick mit schwarzem Kajal umrandeten Augen nicht unbedingt vermuten ließen. Aber die Chefredakteurin hatte beim Auswählen der Kandidatin, die sich schnell als ernst zu nehmender Profi entpuppte, richtig entschieden.

Laure reichte ihr den mit Anmerkungen versehenen Entwurf des Inhaltsverzeichnisses und entdeckte auf Daphnées Schreibtisch ein Croissant, das in eine Serviette gewickelt war.

»Keine Diät mehr?«, fragte sie mit Blick auf die Reste des auf die Schnelle hinuntergeschlungenen Frühstücks.

»Von wegen. Ich fange vielmehr gerade mit einer neuen an... die letzte hat nicht wirklich funktioniert.«

»Wie hieß die gleich noch mal?«

Für die Antwort straffte die junge Frau schulmeisterlich die Schultern.

»C.S.H. – chromatisch-strukturelle Harmonie. Diese Diät war vor drei Monaten angesagt... man durfte nur das essen, was zu gleichen Teilen aus Nahrungsmitteln mit warmer Farbe und solchen mit kalter Farbe bestand, wenn man kein völliges Ungleichgewicht im Körper verursachen wollte, was einer Art Schock gleichkommen und folglich zu einer Gewichtszunahme führen würde. Na ja, ich hab nicht so daran geglaubt, trotzdem wollte ich es ausprobieren: Man darf schließlich nicht so kleingeistig sein.«

»Und das Gebäckstück ist...?«

»Mein Frühstück! Ich habe beschlossen, etwas Altes, etwas wirklich sehr Altes als Neuerung einzuführen... Eine über hundert Jahre alte Diät...«

Unter Laures erstauntem Blick zog Daphnée aus ihrem Stapel Unterlagen ein Exemplar von Ali-Babs *Gastronomie pratique* hervor, eines der Standardwerke zur französischen Küche.

»Willst du mir etwa sagen, dass du mit den Ratschlägen eines hundertfünfzig Kilo schweren Lebemannes abnehmen willst, bei dem jedes Menü aus mindestens drei Gängen besteht, zuzüglich Vorspeise, gekochtem Gemüse, Käse, Obst und Nachtisch?«

»Wenn er es geschafft hat, in acht Monaten vierzig Kilo abzunehmen, dann muss es doch funktionieren!«

Skeptisch nahm Laure das Buch zur Hand und überflog die zweihunderteinundachtzig Seiten dieser Schlemmer-Bibel, die seit 1907 tausende Rezepte, unzählige Ratschläge und wertvolle Empfehlungen rund um das Thema Kochen und Gästebewirtung enthielt, durchsetzt von Ironie und Sprachwitz. Ein Metroticket markierte die erste Seite des Kapitels »Umgang mit der Dickleibigkeit von Leckermäulern«. Laure fing an zu lesen:

Frühstück
250 Milliliter leichten Schwarztee ohne Zucker und ein kleines Croissant.

Mittagessen
200 Gramm einer beliebigen Fleischsorte, nach Gutdünken zubereitet.
300 Gramm grünes Gemüse, in Salzwasser blanchiert und in Butter angebraten oder aber mit geschmolzener Butter beträufelt.
Einen beliebigen Salat.
250 Gramm frisches oder gekochtes Obst ohne Zucker.

Gegen 14 Uhr ein, zwei Tassen Schwarz-, Kamillen- oder Lindenblütentee und bei Bedarf um 17 Uhr ein Glas Wasser oder Limonade.

Abendessen
Zwei Eier, zubereitet nach Belieben, oder aber ein Stück Huhn, ein kleiner Fisch oder, während der Jagdsaison, ein kleines Stück Wild: eine Drossel, eine Wachtel, zwei Lerchen, ein halbes Rebhuhn etc.
200 Gramm grünes Gemüse, in Butter gebraten oder als Salat.
250 Gramm frisches oder gekochtes Obst ohne Zucker.

Im Lauf des Abends ein oder zwei Tassen Schwarztee oder einen beliebigen Kräutertee, eventuell auch einen Grog und kurz vorm Zubettgehen ein Glas Wasser.

Nicht mehr als maximal 100 Gramm Butter pro Tag.

»Ach ... warum eigentlich nicht?!«, meinte Laure. »Grünes Gemüse und Proteine ...«

Sie schlug das Werk zu, betrachtete den matten Einband und fuhr mit der Hand darüber.

»Weißt du was? Wir sollten über eine neue Rubrik nachdenken ...«

»Doch nicht über Diäten?«, fragte Daphnée beunruhigt.

»Nein, wir werden die inhaltliche Ausrichtung der Zeitschrift nicht ändern. Ich dachte eher an einen Artikel über eine bedeutende Persönlichkeit der Kulinarik ... Ich würde gerne etwas über Escoffier, Antonin Carême oder Brillat-Savarin bringen ... Verstehst du?«

»Absolut.« Daphnée war begeistert. »Wir könnten mit

Illustrationen und der Typo arbeiten ... vielleicht sogar ein heraustrennbares Beiheft machen ... und wir fangen mit Ali-Bab an?«

»Wir könnten etwas über ihn herausbringen, über seine Karriere als Ingenieur, über die Erschließung von Minen, die er in Französisch-Guayana, Patagonien, Brasilien, im Transvaal und was weiß ich wo durchgeführt hat.«

»Anscheinend ist er bis nach Sibirien und sogar in den abgelegensten Wilden Westen gekommen!«

»Wusstest du, dass es die Bedingungen waren, unter denen er arbeitete, also die monotone und einfache Ernährung morgens, mittags und abends am Ende der Welt, weshalb er sich darangemacht hat, diese Grundrezepte anzureichern? Er hat sie mit neuen Aromen versehen und sich dazu von der einheimischen Kultur inspirieren lassen ...«

»Aus einem Dilemma kann also durchaus ein Erfolg werden«, murmelte Daphnée vor sich hin.

»Natürlich müsste dann über sein Credo berichtet werden: ›*Wenn es als unschicklich gilt zu leben, um zu essen, so ist es doch angebracht, sich dieser Aufgabe, dem Essen, um zu leben, wie auch allen anderen Aufgaben, mit bestem Können und Vergnügen zu widmen.*‹«

Ganz angetan hatte Laure den Gastronom aus dem Kopf zitiert, ihre Hand lag noch immer auf dem Buch, als würde sie schwören, diese Vision des Kochens stets im Hinterkopf zu behalten. Daphnée war beeindruckt.

»Seine Familie kam aus Polen, meine ich«, sagte sie, die kohlschwarzen Augen fragend geweitet.

»Sein richtiger Name war Henri Babinski. Man geht davon aus, dass er das Pseudonym Ali-Bab wählte, weil *alis* oder *alius* auf Lateinisch ›anderer‹ bedeutet und *Bab* eine Art Diminutiv für Babinski ist. Er selbst sah sich nur als der ›andere Babinski‹, neben seinem Bruder Joseph, dem berühmten Neurologen. Aber *Baba* heißt auf Polnisch auch ›Kuchen‹. Man weiß es also nicht genau. Es gibt so vieles, was man über ihn sagen kann!«

Daphnées Telefon klingelte und unterbrach ihre Unterhaltung. Die angezeigte Nummer war die des Fotografen, bei dem sie wegen der Kolumne »Frisch vom Markt« vorgefühlt hatte, die den Jakobsmuscheln gewidmet war. Sie musste diesen Anruf unbedingt entgegennehmen.

Laure nutzte die Gelegenheit, um ihre Nachrichten durchzusehen. Nichts Neues seit der SMS ihrer Tochter. Wie sie sich bereits hätte denken können, hatte Amandine ihre Einladung zum Mittagessen ausgeschlagen: Sie hatte »etwas mit ihren Freundinnen vor«. Paco hatte sich nicht gemeldet, in Lyon müsste also alles ruhig sein. Jean-Philippe Rameaus Prognosen hatten sich als falsch herausgestellt: Die Verbrechensserie war abgebrochen. Es sei denn ...

Laure war nicht die Geduld in Person und erst dann beruhigt, wenn sie das Gefühl hatte, alles im Griff zu haben. Sie hasste diese Unsicherheit. Um sicherzugehen, verschickte sie also eine SMS.

13

Das Taxi ließ Paco gleich bei der *Auberge du Pont de Collonges* aussteigen. Ihm war sofort klar, dass er eine heilige Stätte betrat. Das Haus mit dem Backsteinunterbau und der grünen Fassade, eingefasst mit leuchtend roten Fensterläden, erhob sich über die Saône wie ein triumphaler Leuchtturm der französischen Gastronomie. Aus einem Trompe-l'Œil-Fenster zwischen zwei Laternen blickend, angelehnt an ein gemaltes Geländer, thronte der große Chef über dem Parkplatz, empfing so die Besucher in seinem Tempel. Nichts wurde dem Zufall überlassen. Von den Türklinken über die glatten Pflastersteine, die bepflanzten Blumenkästen bis hin zu den Holzschnitzereien unter dem Dach hatte man das Gefühl, das Allerheiligste zu betreten, endlich zum angesehensten Tisch der Welt zu gelangen, der seit 1965 im Nimbus dreier Sterne erstrahlte.

Beeindruckt nahm der Fotograf die zwölf Stufen, die zum Ehrenhof führten, wo in einer vierzig Meter langen Freske, genannt *Rue des Grands-Chefs*, die Küchenmeister gewürdigt wurden, die Geschichte geschrieben hatten. Paul Bocuse wollte damit das Andenken legendärer Köche ehren, die Koryphäen der kulinarischen Kunst für die

Ewigkeit festhalten, die in Lebensgröße bei der Arbeit vor ihren Öfen und Arbeitstischen abgebildet waren, umgeben von edlen Produkten und Gerichten, deren Hyperrealismus einem das Wasser im Mund zusammenlaufen ließ. Da waren Antonin Carême, Auguste Escoffier, Alexandre Dumaine, Fernand und Mado Point; Eugénie Brazier und Mère Fillioux unter dem wachsamen Auge von Édouard Herriot, dem geschichtsträchtigen Bürgermeister von Lyon und dreimaligen Regierungschef, der nicht vor der Behauptung zurückschreckte, dass es sich mit der »Politik wie mit der Andouillette verhält, sie muss nach Scheiße riechen, aber nicht allzu sehr«. Natürlich waren auch Kollegen und Freunde abgebildet: François Bise, Jacques Pic, Jean Troisgros und Alain Chapel, ebenso Raymond Oliver in einem Schwarz-Weiß-Fernseher. Aber man traf auch auf ausländische Köche, wie zum Beispiel den Japaner Shizuo Tsuji und den Amerikaner James Beard. Schließlich tauchte auch Monsieur Paul auf, kaiserlich und gutmütig, neben seinem Sohn und zwischen den beiden Frauen in seinem Leben.

Paco stellte sein Stativ vor dem ersten Gemälde auf, zentrierte das Bild und kalkulierte etwas Rand ein, damit hinterher keine Ecke fehlte. Das wiederholte er geduldig vor jeder Abbildung. Er vergaß auch nicht, die kurzen, erklärenden Texte von Bernard Pivot festzuhalten, der als Koch gekleidet aus einem der Wandgemälde auftauchte und einen prächtigen Kuchen hochhielt. Mit geschwungener Augenbraue, eine Hand an der Hüfte, empfing er die Gäste und schien begeistert darüber, sich in so guter Gesellschaft zu befinden. Gerade als Paco das letzte Gemälde aufgenommen hatte und sich anschickte, seine Gerätschaften zu verstauen, setzte sich ein junger Mann von etwa zwanzig Jahren in weißen Klamotten mit dem Wappen des Hauses auf eine Bank im Garten neben eine gusseiserne Lampe. Auf der Rücklehne aus Holz stand in goldenen Lettern »Raucherbereich«. Er beobachtete den Fotografen ebenso neugierig wie belustigt. Als Paco an ihm vorbeiging, bat er ihn um Feuer.

»Tut mir leid, ich hab vor zwei Jahren mit dem Rauchen aufgehört. Ich hätte aber Kaugummi, wenn Sie wollen...«

»Nein danke, ich versuche, mit dem Süßkram aufzuhören... Das ist doch die Höhe, da bin ich den ganzen Vormittag damit beschäftigt, mir die Finger zu verbrennen, und dann hab ich nicht mal ein Feuerzeug für meine Zigarettenpause dabei.«

»Sie arbeiten hier, nehme ich an?«

»Ja, ich bin Saucier... Na ja, momentan noch Jungkoch, aber ich will natürlich aufsteigen.«

»Ganz schön militärisch, Ihr Job!«

»Ganz genau, wir arbeiten als Brigade zusammen... Sind Sie Italiener?«

»Nein, Spanier... Aus Madrid, genauer gesagt, aber ich lebe seit knapp zehn Jahren in Frankreich.«

»Sie haben einen kleinen Akzent, den man nicht genau einordnen kann, aber Ihr Französisch ist sehr gut.«

»Danke... Ich hatte ein paar Grundkenntnisse, als ich

herkam, aber hier musste ich mich dann so richtig dahinterklemmen.«

»So lernt man häufig am besten: einfach ins kalte Wasser springen... Als ich diesen Beruf gewählt habe, musste ich auch ganz unten auf der Leiter anfangen und nach und nach die Sprossen emporsteigen.«

»Ihre Familie ist vom Fach?«

»Man könnte es durchaus so sehen. Der Beruf meines Vaters hat in gewisser Weise was Orales: Er ist Zahnarzt!... Als er erfahren hat, dass ich Koch werden will, war das eine große Enttäuschung für ihn. Doch seitdem ich bei Bocuse bin, ist es, als wäre ich zum Studium an der angesehenen ENA, Sie wissen schon, der nationalen Hochschule für Verwaltung, zugelassen worden...«

»Die Eltern nehmen Sie so langsam ernst, das kenne ich... Als meine Familie erfahren hat, dass ich etwas mit Fotografie machen will, haben mich zunächst alle als Hungerleider gesehen... Jetzt, wo ich in Frankreich lebe und für eine große Zeitschrift arbeite, sind sie beruhigt.«

»Für welche Zeitschrift?«

»*Plaisirs de table*«, verkündete Paco, und ihm war ein gewisser Stolz anzusehen.

»Ach, die berühmte Zeitschrift... die von Laure Grenadier!«

»Kennen Sie sie?«

»Ich bin ihr während meiner Ausbildung bei Thévenay ein paar Mal begegnet. Die hat was auf dem Kasten, diese Frau. Unmöglich, ihr was vorzumachen... Aber armer Jérôme, schreckliche Sache; er war wirklich ein guter Koch, ein Klassetyp... Manchmal ein bisschen hart, aber er hat mir die Grundlagen beigebracht.«

»Ich hatte nicht die Gelegenheit, ihn kennenzulernen, aber es stimmt, das ist wirklich eine üble Geschichte... Und dann sein Freund Gilles Mandrin, der auf dieselbe Weise umkommt, einfach widerlich!«

»Den kannte ich auch... ich habe für zwei Trimester eine Vertretung bei ihm gemacht. Nicht vom gleichen Schlag wie Thévenay, hat mehr rumgeblödelt, mehr Quatsch gemacht, aber am Herd wurde nicht gelacht, da musste man spuren.«

»Ich hab ihn am Abend vor seiner Ermordung fotografiert. Ich bin bestimmt der Letzte, der ein Porträt von ihm gemacht hat.«

»Die beiden waren ganz dick befreundet. Sie hatten übrigens ein gemeinsames Projekt am Laufen... ›Ungeniert statt distinguiert‹... ›USD‹, so haben sie es genannt... Haben Sie davon gehört?«

»Nein, das sagt mir gar nichts.«

»Sie wollten ein Label gründen, um sich von den anderen Bouchons abzuheben. Es sollte was Nettes sein, ohne großes Aufhebens, ursprünglicher... Sie wollten das zusammen mit Éric Chevrion aufziehen, der ein Restaurant an der Place du Petit-Collège hat.«

»Den kenne ich nicht. Bei dem waren wir noch nicht.«

»Das ist ein Scheißkerl... ein bisschen schroff, aber na ja, man muss zugeben, dass er was draufhat und seine

Speisekarte einwandfrei ist. So, genug geredet: Eine Zigarette war drin, und jetzt habe ich meine Pause verbraten... ich muss wieder rein!«

Der angehende Saucier kehrte nach einem festen Händedruck in die Küche am Ende des Ehrenhofs zurück. Sobald er hinter der zweiflügeligen Tür verschwunden war, suchte der Fotograf in der Innentasche seines Parkas nach seinem Handy. Er klappte es auf und tippte mit dem Zeigefinger eine Nachricht an Laure: »Es gibt was Neues, nicht unbedingt der Knaller, könnte dich aber interessieren. Bis heute Abend, Paco.«

14

»Und ein Problem weniger, eins!«

»Der Fotograf hat Zeit?«

»Sagen wir mal so, er richtet es ein. Ist schon nicht schlecht, eine erfolgreiche Zeitschrift zu sein!«

Daphnée Fromentin wickelte sich ihre mehrreihige Kette um die Finger. Es gelang ihr, den Nippes nicht zu verheddern, trotz der acht Ringe, die ihre Hände mit religiösen Symbolen aus allen Epochen und aller Herren Länder, tatsächlichen oder erfundenen Tiergestalten, Totenköpfen mit bunten Augen und schwarzen verwelkten Blumen schmückten.

»Deine Idee mit einer Kolumne für ›Historisches‹ ist wirklich super, ich würde jetzt aber gerne dezent vorschlagen, dass wir uns wieder auf unsere Bouchons besinnen. Es sieht so aus, als würde die Reportage in Lyon ganz gut laufen... Darüber haben wir übrigens gestern Abend am Telefon gar nicht groß gesprochen...«

»Ich weiß, es hat ja alles sehr merkwürdig begonnen.«

»Die Stimmung dort ist gerade bestimmt super beklemmend, oder?«

»Schon... Sagen wir mal so, wir sind das beklemmende

Gefühl den ganzen Tag nicht losgeworden. Es geistert einem von morgens bis abends durch den Kopf...«

»Hast du während des Gastbetriebs am Abend gearbeitet?«

»Nein, ich war bei *La Mère Brazier*, mit einem alten Bekannten, der mir etwas über diese Geschichte erzählt hat. Aber ich habe es trotzdem genossen und einen ziemlich schönen Abend gehabt.«

Die Redaktionsassistentin hörte hier heraus, dass der Mann, mit dem Laure zu Abend gegessen hatte, brav zu sich nach Hause gegangen war – allein.

»Was hast du gegessen?«

»Eine Trüffel-Poularde.«

»Geradezu ein Muss! War das das Originalrezept oder...?«

»Der Chef hat es abgewandelt, ohne jedoch die Grundidee aus den Augen zu verlieren. Bei Bocuse gibt es das Rezept von Mère Fillioux.«

»War es jetzt von Brazier oder von Fillioux?«

»Von beiden! Mère Fillioux, die übrigens aus der Auvergne und nicht aus Lyon stammt, hat das Rezept kreiert, aber na ja... sie pochierte das Geflügel mit Trüffelscheiben unter der Haut in einer unglaublichen Bouillon: natürlich mit Gemüse und Gewürzkraut, aber auch mit Hühnerknochen und Ochsenschwanz. Das ist das Wichtigste, eine gute, starke Bouillon. Bevor sie die Poularde ins Wasser gab, schnürte sie sie mit einem feinen Musselin ein, damit das Fett im Fleisch bleibt und sich nicht in der Bouillon auflöst.«

»Hm ... das hat's ganz schön in sich ... klingt gut!«

»Und Eugénie Brazier, die ihre Ausbildung bei Mère Fillioux absolvierte, hat dieses Rezept aufgegriffen, als sie sich selbstständig machte. Aber sie packte das Geflügel nicht in Musselin, sondern schnürte es ein. Monsieur Paul, der ehemalige Lehrling, serviert die Poularde heute selbst nach ebendiesem Rezept, aber in der Schweinsblase. Das sieht dann wie eine große durchsichtige Kugel aus, von derselben Farbe wie das Huhn, und wenn man sie aufschneidet, taucht die Poularde auf!«

»Schön! Ich meine nicht nur die Präsentation ... sondern auch die Atmosphäre, die Vorstellung des Wissens, das so an uns weitergegeben wird«, meinte Daphnée und kratzte sich am Nasenflügel mit den Piercings.

»Komm, gib mir noch mal den Ali-Bab. Ich würde gerne wissen, wie er die Trüffel-Poularde gemacht hat. Ich bin mir ziemlich sicher, dass sie bei ihm so um die drei Millionen Kalorien haben muss!«

Die beiden Frauen standen nebeneinander und lasen sich das Rezept durch:

Für sechs Personen:

1. *1 Poularde*
   Kalbssud
   Madeirawein
   Trüffel nach Belieben
   Suppengrün

2.   *750 Gramm Unterschale vom Kalb*
250 Gramm Schinken
200 Gramm Butter
150 Gramm Crème fraîche
125 Gramm Pilze
60 Gramm Mehl
1 Liter Kraftbrühe
3 mittelgroße Karotten
2 mittelgroße Zwiebeln
1 Bund Suppengrün
Sellerie
Salz und Pfeffer

Kochen Sie: zum einen die Trüffel in Madeirawein, zum anderen die Poularde für eine Stunde im Kalbssud mit dem Bund Suppengrün; schöpfen Sie das Fett ab und kochen Sie den Rest etwas ein.

Gleichzeitig bereiten Sie eine gute, fetthaltige Béchamelsauce…

»Ja klar… der macht keine halben Sachen, der Typ«, bemerkte Daphnée. »Immerhin steht er dazu!«
Sie lasen weiter:

…folgendermaßen vor: Erhitzen Sie die Butter zehn Minuten zusammen mit dem Kalb und dem Schinken, die Sie in walnussgroße Stücke geschnitten haben, und den in Schei-

ben geschnittenen Zwiebeln, Karotten und dem Sellerie, geben Sie das Mehl hinzu, rühren Sie fünf Minuten lang, löschen Sie es mit etwas Kraftbrühe ab, geben Sie die klein geschnittenen Pilze hinzu, das Suppengrün, Salz, Pfeffer, geben Sie den Sud hinzu, dann köcheln Sie alles bei kleiner Flamme weiter und lassen es zwei Stunden auf dem Herd. Schöpfen Sie den Schaum und das Fett ab, passieren Sie die Sauce, vermischen Sie sie mit der Crème fraîche, erhitzen Sie sie, ohne dass es kocht, und bringen Sie alles in die gewünschte Konsistenz, sodass Sie eine sämige Sauce bekommen.

Zerlegen Sie das Geflügel, richten Sie die Stücke auf einer Platte an, überziehen Sie sie mit der Béchamelsauce, in die Sie die Fleischbrühe der Poularde und einen fein gehackten Trüffel gegeben haben, dekorieren Sie, indem Sie auf jedes Poulardenstück ein paar Trüffelscheiben legen, und servieren Sie.

»Na, das wird meine Belohnung am Ende der Diät! Anständig, oder?«

»Ich finde... Ach, jetzt aber an die Arbeit und... oh, ich hab da was Superwichtiges vergessen...«

»Sag schon!«

»Für die Reportage über die Bouchons hätte ich einen Artikel über das *Petit Pouce* schreiben und Jérôme Thévenay interviewen sollen, aber so...«

»Mist aber auch!«

»Wir haben vor fünf Jahren einen Artikel mit ein paar

Fotos von ihm gebracht. Wenn du mir den aus dem Archiv heraussuchen könntest... Ich würde gerne sehen, was wir haben, um ihn in dieser Ausgabe mit einem schönen Text zu ehren... Für Gilles Mandrin haben wir hingegen die letzten Fotos, die zu Lebzeiten von ihm aufgenommen wurden, und ich glaube, dass Paco die ganz gut hinbekommen hat.«

»Du lädst mir zwar zusätzlich Arbeit auf, obwohl mir das Wasser bereits mehr als bis zum Hals steht, aber es ist, als wäre es bereits erledigt! Im Gegenzug werde ich das ganz schamlos ausnutzen und dich um einen kleinen Gefallen bitten...«

Daphnée holte aus einer Schublade ihres Rollcontainers einen Umschlag, in dem eine CD zu sein schien, und reichte sie Laure.

»Kannst du die heute Abend Paco geben? Er weiß, was er damit machen soll.«

Laure wartete, bis sie allein in ihrem Büro war, um so indiskret zu sein und die CD aus ihrer Verpackung zu holen. Die Abbildung auf dem Cover zeigte drei sinnliche Frauen, deren Rundungen ganz gezielt in den Vordergrund gerückt waren. Daphnée stand, ganz besonders glanzvoll, in der Mitte, die Beine bewusst gespreizt, ein offener Blick, den Gitarrenhals zwischen den Brüsten. Die beiden anderen Bandmitglieder waren von der Seite zu sehen, lehnten an ihrer Leaderin, hatten die Instrumente ebenfalls zwischen den Brüsten, bei der einen ein Bass, bei der anderen Drumsticks. Unten auf dem Bild machte der Name der

Gruppe klar, worum es ging: Die No Silicone Girls präsentierten ihr erstes Album: *100% Naturel*.

Genau in dem Moment leuchtete der Bildschirm von Laures Handy auf. Paco hatte ihr geantwortet.

15

Es war schon fast zehn Uhr abends, als sie sich in der Lounge im Erdgeschoss des *Hôtel des Artistes* trafen. Paco zischte ein Bier hinunter, und Laure hatte sich auf einen bequemen Sessel fallen lassen, die Beine von sich gestreckt, die Haare hochgesteckt, den Kopf hinten auf der Lehne abgestützt.

»Ich bin fertig... und überhaupt nicht hungrig!«

»Lässt du mich etwa sitzen?«, seufzte Paco leicht schmollend.

»Jetzt mach nicht so ein Gesicht! Ganz ehrlich, ich bin zu kaputt... Ich hab im TGV einen Grüntee getrunken, und das reicht mir völlig.«

Der Fotograf wollte wissen, ob alle Probleme vor Redaktionsschluss behoben werden konnten. Ohne es groß auszuführen, beruhigte die junge Frau ihn zwischen zwei Gähnanfällen.

»Und du?«, wollte sie wissen, streckte die Arme, um ihre Nackenmuskeln etwas zu dehnen.

»Es war interessant... Ich habe alle Fresken der *Rue des Grands-Chefs* abgelichtet, dann hab ich noch ein paar Aufnahmen vom Ehrenhof gemacht, Detailaufnahmen von der Fassade, für den Fall, dass du noch was Stimmungsvolles brauchst...«

»Was das betrifft, so hat Daphnée mich daran erinnert, dass wir so viele Fotos wie möglich von bemalten Mauern und Trompe-l'Œil-Bildern machen müssen... Das ist wirklich eine der Besonderheiten von Lyon, und sie würde das Layout gerne mit einem Zierstreifen von Fassaden aus dem Stadtzentrum gestalten...«

»Davon hatte sie mir erzählt, und ich hab auch daran gedacht... Als ich bei Bocuse fertig war, bin ich direkt in die Rue de la Martinière gedüst, um das Dossier zu vervollständigen, und ich bin die ganze bemalte Mauer mit den berühmten Leuten von Lyon abgeschritten... Du wirst sie alle haben: Abbé Pierre, Bertrand Tavernier, Bernard Lacombe, Kaiser Claudius, Frédéric Dard, dann Pivot und natürlich Bocuse...«

»Wunderbar! Und abgesehen davon hast du scheinbar ein paar Neuigkeiten?«

»Das wollte ich dir nicht am Telefon sagen... und SMS schreiben ist nicht so mein Ding.«

Paco berichtete von seiner Unterhaltung mit dem angehenden Saucier, führte weiter aus, was er in seiner Nachricht angedeutet hatte. Laure hörte zu, ohne ihn zu unterbrechen, richtete sich dann in ihrem Sessel auf, zog die Beine zu sich heran und verschränkte die Hände über den Knien.

»Wenn ich das jetzt richtig verstehe, dann hatten sich Thévenay und Mandrin für ein gemeinsames Label zusammengeschlossen... Das ist schwer vorstellbar, wenn man weiß, dass es bereits zwei konkurrierende Labels gibt... Statt dass man sich verständigt hätte... Warum eine dritte Bezeichnung kreieren, die weiter zur Zwietracht beiträgt...? Und was soll das denn für eine Bezeichnung sein: ›Ungeniert statt distinguiert‹?«

»Keine Ahnung, was ich davon halten soll«, erwiderte Paco schulterzuckend. »Ich teile dir einfach nur mit, was der Kerl mir erzählt hat... Ich hab gedacht, es könnte wichtig sein und dich interessieren.«

»Du hast gut daran getan, das ist tatsächlich sehr merkwürdig... Zwei ermordete Gastwirte, die im Begriff waren, eine Art Zunft ins Leben zu rufen... Und dann hat dich auch noch ein ehemaliger Angestellter von Éric Chevrion darüber informiert... Ein Besuch bei diesem famosen Chevrion, der das *Les Vieux Fagots* betreibt, steht übrigens als Nächstes an... Dann wissen wir bald Bescheid.«

»Hat Daphnée dir nichts für mich mitgegeben?«

»Oh, doch, entschuldige, das hätte ich glatt vergessen«, sagte Laure und wühlte in ihrer hellbraunen Handtasche.

Sie reichte ihm den braunen Umschlag mit der CD, dann stand sie auf, um in ihr Zimmer zu gehen. Ihr Programm für den heutigen Abend stand bereits fest: ein sehr heißes Bad nehmen, einen Kräutertee schlürfen und dann ab unter die Bettdecke, den Laptop auf den Knien, um die Reportage zu schreiben, die sie dann an die Redaktion mailen wollte. Der Großteil des Artikels zur Geschichte der Gastronomie in Lyon war bereits im Vorfeld erstellt und das Dossier über mehrere Monate aufs Sorgfältigste vorbereitet worden, sie musste nur noch die letzten Einschübe vor Ort einpassen. Laure mochte es nicht, unter Zeitdruck zu arbeiten, und nahm sich immer vor kleinen Verzögerungen in Acht, die sich erst summierten und einen schlussendlich in Bedrängnis brachten. Erst als sie alle Artikel abgeschickt hatte, konnte sie an Schlaf denken.

Sobald er das Hotel verlassen hatte, ging Paco ohne zu zögern Richtung Rue Mercière, wo er das *Eden Rock Café* entdeckt hatte. Es war in einem Stadthaus aus dem sechzehnten Jahrhundert untergebracht, das ehemals eines der vornehmsten Bordelle der Stadt beherbergte. An einem Bartisch las er die Speisekarte durch. Seine Wahl war schnell getroffen: ein doppelter Hamburger mit Speck und Cheddarkäse, Pommes, Salat und dazu ein Glas Côtes du Rhône für die lokale Note. Die Kellnerin teilte ihm mit, in zehn Minuten sei alles fertig. Er fand sie charmant, mit ihrer kleinen Stupsnase, den braunen Löckchen, dem frechen Blick, und er sah ihr nach, indem er seinen Barhocker herumdrehte. Das Dekor entsprach der mythisch verklärten Vision, die man sich im Allgemeinen von Amerika machte. Blutrotes Englischleder, dunkle Vertäfelungen und glänzendes Aluminium. Im hinteren Bereich des Raums hing der Kühlergrill eines leuchtend roten Feuerwehrautos an der Decke, ein original Ford aus den Fünfzigerjahren, dessen blitzende Chromteile und stromlinienförmige Kurven an einen arglosen und beruhigenden Wohlstand erinnerten, der für immer vergangen war. An der linken Wand erstreckte sich eine Galerie mit Porträts von Hollywoodstars, unter denen er Humphrey Bogart, Lauren Bacall, Jean Harlow, Clark Gable und Rita Hayworth erkannte. Etwas klischeehafte Pressefotos in Schwarz-Weiß, deren Spiel von Licht und Schatten allerdings sehr schön ausgewogen war.

Neben einer alten Zapfsäule, die geradewegs einer verlassenen Tankstelle in Nebraska entrissen zu sein schien, stand eine Kunstharzfigur, die einen Koch mit Kochmütze und Nudelholz darstellte. Auf recht plumpe Weise war er mehr oder weniger eine Karikatur von Paul Bocuse. Ganz offensichtlich konnte auch dieser operettenhafte Saloon der Prägung durch Lyon nicht entgehen. Paco amüsierte sich über diese Vision des Wilden Westen im Land der *Quenelles*-Spezialitäten.

Die Musik war schon recht laut, doch er hätte sie gerne noch weiter aufgedreht, um den krassen Sound von ZZ Top voll und ganz zu genießen. Ihr knarziger Blues wurde kurz darauf von einem alten Song der Rolling Stones abgelöst, der dann den Platz für Neil Youngs gesättigten Gitarrensound räumen musste, dessen elektronische Riffs unter dem energischen Begleitfeuer seiner Band Crazy Horse bis zu den hintersten Tischen geschleudert wurden. Paco schloss die Augen, war ekstatisch und getröstet, als hätte er endlich wieder Anschluss an die Zivilisation gefunden. Er war mit den ersten Erschütterungen der Madrider *Movida* in eine Familie hineingeboren worden, die sich in alte

Nostalgiker des Franco-Regimes und ehemalige, schwärmerische Republikaner aufteilte, und hatte seinen Weg und seine Zuflucht in der Liebe zu Christus und dem Rock 'n' Roll gefunden.

Er war gerade irgendwo auf der Route 66 unterwegs und schreckte auf, als die Kellnerin ihn unterbrach, um ihm Teller und Besteck zu bringen. Der Hamburger war groß genug, um seine Begeisterung zu entfachen, und er fing an, langsam und methodisch zu kauen. Nachdem er auch den letzten Krümel verschlungen hatte, leckte er sich die Finger ab, ehe er sie mit der Papierserviette abwischte, trank seinen letzten Schluck Rotwein und stieß einen wohligen Seufzer aus. Danach griff er zu dem Prospekt, in dem das Programm für Oktober bekanntgegeben wurde und dessen Titelseite verkündete: »Food, Drinks and Live Music«. Die angekündigten Gruppen hießen Malabar Sextoy, Inglorious Fonkers, The Toc's, No Daddy Sleep... Ganz bestimmt würde Daphnées Gruppe sich inmitten dieser Besetzung gut ausnehmen. Er holte die CD aus seiner Tasche und warf einen Blick auf das Cover. Die No Silicone Girls mussten tatsächlich keine Tricks anwenden, um ein Strahlen in die Augen der Männer zu zaubern. Den vernickelten Gitarrenhals einer Fender Telecaster zwischen den Brüsten, stellte Daphnée ziemlich frech ihre großzügigen Rundungen, ihr sinnliches Lächeln und ihren Blick zur Schau, der die Herzen böser Jungs zum Schmelzen brachte. Paco erinnerte sich nicht an die Vornamen der anderen Musikerinnen, doch hinter den paillettenbesetzten Sticks und an den türkisfarbenen Bass gepresst, ließen sie die gleichen Argumente wie ihre Bandleaderin sprechen: runde Hüften, wohlgeformte Oberarme und füllige Brüste, die Lust machten, sie anzuknabbern.

Der Fotograf ging nach oben, wo sich der Konzertsaal befand. Er traf direkt auf den Soundtechniker, einen langen, schwarz gekleideten Kerl, dem er das Demoband anvertraute, wobei er noch darauf hinwies, es sei ein »superneues Konzept Richtung Neopunktrash mit einer Tendenz zu Glamour« und dass die Mädels total gerne nach Lyon kommen und hier die Stimmung anheizen würden. Er insistierte nicht weiter, sondern verabschiedete sich mit einem vertraulichen Zwinkern, als wäre das bereits beschlossene Sache.

Dann verließ er das *Eden Rock,* ohne die Kellnerin noch einmal aufzusuchen, stellte seinen Jackenkragen auf und schob die Hände tief in die Taschen seines Parkas. Er verließ die Rue Mercière mit vollem Bauch und zufrieden, seine Mission erfüllt zu haben. An der Place des Célestins angekommen, nur wenige Meter vom Hotel entfernt, stieß er einen tiefen Rülpser aus, mit dem gleichzeitig eine kleine, mit Zwiebeln parfümierte Atemwolke aufstieg, die sich in der Frische der Nacht verflüchtigte.

16

Früher waren die *Halles* von Lyon – der überdachte Markt – in den rauchenden Eingeweiden des Stadtviertels Cordeliers untergebracht gewesen. Sie waren 1858 auf Veranlassung des Architekten Tony Desjardins und des allmächtigen Claude Marius Vaïsse, Mitglied des Senats und Bürgermeister, erbaut worden. Das Bauwerk, bestehend aus Glas und metallenen Balken, flankiert von einem Frontispiz aus behauenem Stein, stand sowohl den Vielfraßen als auch den Genießern und jedem Luftzug offen.

Mit Anbruch der 1970er-Jahre waren die alten *Halles* heruntergekommen und ungeeignet und wurden abgerissen, um Platz für einen asphaltierten Parkplatz zu machen. Als das Gerippe des neunzehnten Jahrhunderts in einer Staubwolke zusammenbrach, hinterließ es ein großes Loch im Herzen der Bewohner von Lyon. Die Auslieferer mit ihren Dreirädern, die Karren der Blumenverkäufer, die Lastenträger mit gebeugtem Rücken, die zu engen Bars, die mit Lebensmitteln überbordenden Gemüsekisten, das an Haken hängende Wild, die frühmorgendlichen Frostbeulen und der in der Sommerhitze darbende Käse, all diese Erinnerungen an eine für immer vergangene Epoche nährten die Nostalgie der Alten weiter. Doch in dieser Stadt, in der manche sagten, dass ein »Festessen an einem Tag abgehalten werden könne, solange es am Vortag beginne und bis zum darauffolgenden Tag dauere«, hatte man den Appetit schnell wiedergefunden, indem man die Rhône überquerte und sich auf der anderen Seite in dem beeindruckenden Glasbau am Cours Lafayette niederließ.

Von nun an war man stolz auf diese funktionale Modernität, man sah ein, dass die neuen Arbeitsmethoden und Rahmenbedingungen neue Aktivitäten ermöglicht hatten. Laure Grenadier konnte diesen berühmten Ort der kulinarischen Vortrefflichkeit nicht außen vor lassen. Da sie durch ihre vielen Aufenthalte in Lyon schon unzählige Male dort war, kannte sie alles in- und auswendig und hatte einen Namen zu jedem Gesicht. Doch im Archiv der Zeitschrift gab es nur wenige gute Fotos, und es galt jetzt, diesem Mangel mit Pacos Talent abzuhelfen. Laure war früh aufgestanden und hatte den Fotografen mit sich geschleppt, damit er eine Reihe Fotos machte, die sie lebhaft, genussfreudig und möglichst nah an die Auslagen herangezoomt haben wollte.

Übellaunig und verschlafen ging Paco neben ihr durch die halb leeren Straßen und schnaubte unablässig, während er der Redakteurin zuhörte, wie sie die Vorzüge des Marktes pries. Ohne die Produkte der umliegenden Departements wäre die Gastronomie von Lyon ganz bestimmt nicht so reichhaltig und einzigartig geworden. Die kulinarische Geschichte hänge auch und vielleicht vor allem von der regionalen Geografie ab. Mangold aus Ampuis, Lauch aus Solaize, *Rigotte*-Käse aus Condrieu, artischockenähnliche Kardone aus Vaulx-en-Velin, schwarze Trüffel aus dem Tricastin, kleine Frittierfische aus der Saône, Charolais-Rinder, Kresse aus Saint-Symphorien-d'Ozon, Weinbergpfirsiche und Erdbeeren von den Bergen und Hängen um Lyon, Geflügel aus der Bresse, Birnen aus Chasselay, Frösche und Hechte aus der Dombes, Tauben aus den Terres froides, Honig aus dem Vercors oder dem Revermont, Felchen aus dem See von Annecy, Äpfel vom Mont Pilat, Himbeeren aus Thurins, rosa Knoblauch aus der Drôme, Weine aus dem Beaujolais und den Côtes du Rhône, Kastanien aus der Region Ardèche, Walnüsse aus Grenoble. Genug, um orgiastische Träume von Schlemmern zu stillen oder die exquisiten Gelüste von Feinschmeckern zu befriedigen.

Als sie die *Halles* von Lyon betraten, denen man den glanzvollen Beinamen »Paul Bocuse« verliehen hatte, musste Paco angesichts der grellen Beleuchtung zunächst einmal blinzeln.

»Das habe ich mir schon gedacht... diese bescheuerten Neonleuchten, das wird richtig übel für mich, das kannst du dir gar nicht vorstellen!«

»Das machst du schon. Fang schon mal an, ich komme gleich!«, rief sie ihm betont locker zu, während sie sich an den Tresen eines Austernverkäufers lehnte und ein Dutzend Austern bestellte.

»Ich weiß nicht, wie du das zum Frühstück runterbringst«, sagte der Fotograf angewidert.

»Keine Sorge, es gibt nichts Besseres, um die Stimmung zu heben.«

Sie drehte sich von ihm weg und wandte sich einer Handvoll Meeresschnecken zu, die der Kellner in ein Schälchen geworfen hatte, bis er die Gillardeau-Austern Nr. 5 alle aufgemacht hatte. Sie brauchte die heilsame Wirkung von Jod, um ihre von Albträumen erfüllte Nacht auszulöschen. Vielleicht würden ja ein salziger Geschmack im Mund und das Gefühl, von einer schäumenden Welle reingewaschen zu werden, ihre Visionen von Särgen und Trauergebinden, aufklaffenden Gruben und schwarzen Schleiern vertreiben. In wenigen Stunden würde sie auf der Beerdigung von Jérôme Thévenay sein müssen, obwohl scheinbar alles weiterging, als sei nichts geschehen.

Sie aß ihr Dutzend Austern ohne Zitrone, Pfeffer oder Schalotten-Vinaigrette. Etwas gestärkt holte sie den Notizblock aus ihrer Handtasche, zog die Kappe vom Kuli und ging den ersten Gang entlang, um ihre Ehrenrunde zu drehen. Sie nahm sich Zeit, ging an allen Ständen vorbei, verglich die Preise, ermaß die Bemühungen für die Präsentation der Auslage und ließ sich in fachmännische Unterhaltungen über die Möglichkeiten des Konservierens, die Vorgänge des Einsalzens, die Methoden des Kühlens, die Geheimnisse der Herstellung, die sanitären Normen und die Verknappung von manchen Produkten verwickeln. Von Weitem sah sie Paco, der Früchte, Gemüsebündel oder Dutzende Walnüsse anordnete, Würste wie stilisierte Bündel ausrichtete und runde Brotlaibe nebeneinander ausbreitete. Ganz eindeutig hatte er seinen Rhythmus gefunden und schien völlig in seiner Arbeit aufzugehen.

Laure freute sich, auf Besitzer, Verantwortliche oder Verkäuferinnen der symbolträchtigen Häuser zu treffen, die hier den Rang einer Institution innehatten. Die Käsesorten des Hauses Richard, die Wurstwaren von Bobosse und Sibilia, ganz zu schweigen von dem Feinkostgeschäft Gast, den *quenelles* von Giraudet und Malartre, dem Geflügel von Clugnet, den Fischen von Pupier und dann diese Schalentiere, die sie in Versuchung führten, denen sie aber widerstand, als sie vor den Verkaufsständen von Antonin, Léon, Merle und Rousseau vorbeiging. Bei jedem Aufeinandertreffen kam man auf die beiden Morde zu sprechen, manchmal streifte man sie nur, manchmal wurden sie lang und breit ausdiskutiert. Manche bedauerten, nicht zur Beerdigung von Thévenay gehen zu können, versprachen aber, ein Gebinde zu schicken. Andere wiederum wollten die Arbeit in wenigen Minuten niederlegen, um der Zeremonie beizuwohnen: »Das sind wir ihm schuldig...« Die Unnachsichtigsten unter ihnen hielten nicht damit hinter dem Berg, dass die Todesstrafe wieder eingeführt werden sollte; die weniger Redseligen verkündeten einfach nur, man würde in einer schlimmen Zeit leben.

Es war eine Flut von larmoyantem Bedauern: »Er wird uns fehlen«, von traurigen Mienen: »Er war einer von uns«, und sorgenvoller Angespanntheit: »Wer ist der Nächste? Tja, wer ist wohl der Nächste?«

Nach zwei Stunden hielt Laure es nicht mehr aus und machte sich auf die Suche nach Paco. Sie fand ihn über einen Haufen flaumiger Pilze gebeugt, in deren Mitte er ein paar Laubzweige gelegt hatte.

Laure trat näher und klopfte auf das Ziffernblatt ihrer Uhr.

»Weißt du, wie spät es ist?«

»Wie soll ich das denn wissen?«, meckerte er. »Ich klebe doch nur am Fotoapparat.«

»Zehn Uhr fünfunddreißig... Die Bestattung von Jérôme fängt in einer knappen halben Stunde an.«

»Gib mir noch zwei Minuten.«

»So langsam findest du Gefallen daran!«

»Ich bin ganz verrückt nach Stillleben!«

17

Es war eine bewegende Zeremonie. Einfach und ehrlich, fast schon familiär, trotz der Menschenmenge, die aus den Bankreihen quoll und sich bis auf den Vorplatz zusammendrängte. Mehrere Vertreter des Stadtrates und des Arbeitgeberverbands standen rechts im Kirchenschiff, Kollegen aller Altersklassen waren zahlreich erschienen, ebenso die Erzeuger und Zulieferer, unter denen Laure ein paar der Händler erkannte, die sie gerade getroffen hatte. Und dann waren da noch all die Unbekannten, allein oder in Gruppen, die irgendwann einmal bei Jérôme Thévenay gegessen hatten. Den Stammgästen, die ihr Mittagessen hier einnahmen, und den Abendgästen, die gelegentlich hier aßen, war es wichtig gewesen, den Hügel von Croix-Rousse zu erklimmen, um dem Chef des *Petit Pouce* die letzte Ehre zu erweisen.

Laure verdrückte sich, bevor das letzte Gesangsstück zu Ende war, und begab sich zum Ausgang, wo sie sich in das in schwarzen Samt gefasste Kondolenzbuch eintrug, das aufgeschlagen auf einem Pult lag. Sie schrieb ein paar liebevolle Zeilen für die Ehefrau und die Kinder hinein, fügte noch ein paar an Cécile gerichtete Worte hinzu, von der sie nicht wusste, ob sie sie nach der Zeremonie würde begrüßen können. Vermutlich wäre viel los, ein betrübtes Durcheinander, fast schon ein Gedränge. Sie war nicht erpicht darauf, daran teilzuhaben, noch weniger wollte sie die Ellenbogen zum Einsatz bringen, um zur Familie zu gelangen, die eine Beisetzung im kleinen Kreis in einem Dorf im Dauphiné gewünscht hatte, wo schon ihre frühen Vorfahren begraben waren.

Saint-Bruno-les-Chartreux war die einzige barocke Kirche in Lyon. Eine ziemlich nüchterne Architektur für ein im siebzehnten Jahrhundert erbautes Gebäude, das im Lauf der Zeit ein paar Veränderungen erfahren hatte. Laure schaute an der Fassade hinauf. Unter einem Heiligen, der in einer Vertiefung in der Wand stand, war eine große Fensteröffnung, eingefasst von geriffelten Säulen, darüber ein dreieckiger Ziergiebel, dessen Spitze durch einen geschwungenen Balkon abgemildert wurde. Die Journalistin war noch nie bis zu dieser grünen Ecke von Croix-Rousse vorgedrungen, hatte aber schon viel darüber gehört. Genau hier hatte nämlich vor wenigen Monaten die Beisetzung des verstorbenen Henri Hugon stattgefunden, der zu den faszinierendsten Personen des Stadtbilds von Lyon gehört und diskret über die Authentizität der Bouchons gewacht hatte.

Nach und nach strömte die Versammlung aus der Pfarrkirche und verteilte sich um den Leichenwagen. Als der Sarg zwischen den Pilastern auftauchte, überlief Laure ein Schauer, und sie klammerte sich an den Arm von Paco, der sich gerade zu ihr gesellt hatte. In dem Moment entdeckte sie Éric Chevrion, etwas abseits, in einer Ecke des Portals. Er war leicht auszumachen. Mit seiner langgliedrigen Gestalt wirkte er größer, als er war, außerdem hatte der Gastwirt den stechenden Blick derjenigen, die Angriff für die beste Verteidigung hielten. Alles an diesem Vierzigjährigen mit dem verschlossenen Gesicht war sehnig: die knochigen Hände, die stumpfe Haut, die dünnen Haare und die schneidende Stimme, die an eine frisch geschliffene Klinge erinnerte. Hinter dieser unattraktiven Erscheinung verbarg sich jedoch ein empfindliches Gemüt.

Tatsächlich war Éric ein schüchterner Mann, an dem schon von Kindesbeinen an Komplexe nagten. Diese strenge Erscheinung diente ihm als Schutz, um der Welt die Stirn zu bieten. Glücklicherweise kümmerte sich seine Frau um den Gastraum und nahm die Gäste in Empfang. Sie hatte ein freundliches Wesen, war von rundlicher Statur und bewies Geschäftssinn, alles Vorzüge, die es Chevrion ermöglichten, sich auf die Küche zu konzentrieren, ohne dass die Gäste sein distanziertes Wesen ertragen mussten. Wann immer er sich etwas entspannte, trat sein sarkastischer Humor zutage, der nicht von allen verstanden wurde und ihn oftmals boshaft oder zynisch erscheinen ließ. Man musste ihn schon eine ganze Weile kennen, als er noch jünger und ungelenk war, musste Zeit mit ihm verbracht haben, um sein wahres Wesen zu erfassen. Vermutlich verband ihn genau das mit Thévenay und Mandrin. Sie waren Kindheitsfreunde und kannten sich gut genug, um über das hinwegzusehen, was sie unterschied.

Während das Ballett der Höflichkeiten um die bekümmerte Witwe, die Waisen, die Schwester und den Schwager begann, zog Laure Paco zur rechten Seite des großen Portals.

»Hallo Éric, wie geht es Ihnen?«, fragte sie und richtete ihre grünen Augen auf den scheuen Blick von Chevrion, ohne sich der Ungehörigkeit ihrer Frage bewusst zu sein.

»Wie soll es mir schon gehen?«

»Ich hätte Sie lieber unter anderen Umständen getroffen... Ich wollte noch bei Ihnen vorbeischauen, denn Ihr Bouchon ist definitiv eine Empfehlung wert, das ahnen Sie bestimmt bereits... Würde morgen Nachmittag bei Ihnen passen?«

»Wann immer Sie wollen... Ich bin in jedem Fall da: von sieben Uhr morgens bis um eins in der Früh!«

Chevrion war tatsächlich ein Arbeitstier und ein Perfektionist, der niemals auf die Uhrzeit achtete und sein Leben hauptsächlich damit zubrachte, Gerichte zu zaubern, an denen es nicht das Geringste auszusetzen gab. Sein *pâté en croute au ris de veau et foie gras* – seine Pastete aus Kalbsbries und Gänsestopfleber im Teigmantel, genau wie sein *cake aux oreilles de cochon avec sa vinaigrette aux fruits du mendiant* – seine Terrine aus Schweineohren an Vinaigrette aus getrockneten Früchten hatten ihm eine begeisterte Kritik von Laure Grenadier eingebracht.

»Ist Ihre Frau nicht hier?«, fragte sie.

»Nein, sie deckt gerade den Gastraum ein... Irgendjemand muss den Laden ja am Laufen halten.«

»Ich erkenne diese Stadt nicht wieder, alles ist so schnell aus den Fugen geraten... Jérôme wird uns fehlen. Er fehlt uns ja jetzt schon... Und dann erst Gilles! Es ist keine drei Tage her, da war er noch im *Gros Poussin*, hat uns in seine Küche gelassen und uns verköstigt... Durch Jérômes Tod war er am Boden zerstört, aber er hatte noch so schöne Pläne... Er hat mir von dem Label erzählt, dass Sie drei zusammen aufziehen wollten.« Sie hielt es für richtig, ihm diese Lüge aufzutischen.

Laure hatte geredet, ohne nachzudenken, war überrascht, dass sie sich so hatte gehen lassen, wo sie doch nichts dergleichen geplant hatte. Chevrions Reaktion ließ nicht auf sich warten. Sein Gesichtsausdruck wurde noch verkniffener. Seine Kiefermuskeln zitterten, die Nasenflügel bebten. Laure fürchtete, ihr improvisiertes Vorgehen könnte ungehobelt wirken, doch sie fuhr im gleichen Tonfall fort:

»›Ungeniert statt distinguiert‹: Das war doch wirklich eine schöne Idee!«, sagte sie leichthin, um nicht zu beharrlich zu wirken.

»Ideen, ja, immer, wenn wir uns getroffen haben, haben wir Unmengen davon gehabt.«

»Ich kann mir gut vorstellen, dass das jetzt nicht mehr aktuell ist...? Schade, denn was Sie da aufgebaut hätten, wäre wirklich sehr...«

Éric Chevrion fiel ihr ins Wort, ohne seine Verärgerung zu verbergen:

»Das hier ist nicht gerade der Ort oder der Moment, um darüber zu sprechen.«

»Entschuldigen Sie, das war ungeschickt von mir... Ich wollte nicht indiskret sein.«

»Bis morgen«, entgegnete der Gastwirt kühl und wandte sich sogleich ab, um in der Menge zu verschwinden.

Laure Grenadier blieb verdutzt zurück. Der hinter ihr stehende, leicht betreten dreinschauende Paco wirkte etwas verlegen, einer derartigen Flucht beigewohnt zu haben. Bei anderen Gelegenheiten hatte er seine Chefin subtiler vorgehen sehen, sich gewiefter bei jemandem einschmeicheln, ohne jemals ihren Schneid zu verlieren.

»Ich war nicht gut! Da hat es mir wirklich an Takt gefehlt...«

»Nicht überragend...«, stimmte der Fotograf aufrichtig zu. »War eher die Holzhammermethode, dein Vorgehen.«

»Tja, was willst du machen? Es brannte mir auf der Zunge... Ich wüsste einfach zu gerne, wie es um dieses Label steht.«

»Was vermutest du denn?«

»Was, wenn durch das Erschaffen des Siegels einer neuen Berufsvereinigung Eifersucht und Hass geschürt wurden? Das gefällt bestimmt nicht allen...«

»Du glaubst, man könnte deshalb töten? Mit diesem bescheuerten Ritual, der Plastiktüte, der Schnur... und außerdem klaut man auch noch die Einnahmen? Pff – das ist etwas an den Haaren herbeigezogen.«

»Es wäre doch möglich, dass so das eigentliche Motiv

verschleiert wird... Heimtückische Morde, damit nach nichts anderem gesucht wird... Ich bin überzeugt, dass hier jemand sehr viel mehr weiß, als er wissen sollte.«

»Und der da, ganz hinten, bei den Autos? Der könnte dir vielleicht etwas dazu sagen...«

»Wo denn? Wer?«

»Da drüben, der, der sich versteckt.«

»Toinou?«

»Genau... Er sieht irgendwie nicht ganz frisch aus!«

18

Toinou musterte sie schon seit geraumer Zeit. Sein Blick war fiebrig, erfüllt von einem fürchterlichen Glanz, was durch den graumelierten Bart, der seine Wangen überzog, noch verstärkt wurde. Er stand mit verschränkten Armen da, sodass er seine zu große Tarnweste, an der die meisten Knöpfe herunterhingen, etwas enger ziehen konnte. Seine Jeans war nicht mehr ganz blau, an den Oberschenkeln gelblich verfärbt. Eine seiner Hände steckte in einem Handschuh aus billiger Wolle, der sich am Handgelenk auflöste. Seine Stoffschuhe mit Kreppsohlen erinnerten an einen aufgeweichten Karton. Laure und Paco schlängelten sich diskret durch die dort Versammelten und begaben sich zu dem Lieferwagen, an den er sich scheinbar mit seinem ganzen Gewicht lehnte, um nicht umzufallen.

»Verschwinden wir?«, fragte er mit belegter Stimme. »Hier riecht's nach Bullen...«

»Wovon redest du?«, fragte Laure.

»Der Typ an der Ecke, bei der Absperrung. Der riecht zehn Meter gegen den Wind nach Bulle...«

»Der Dicke mit der Lederjacke?«, wunderte sich Paco. »Wovor hast du Angst?«

»Ich bin nicht zu ihrer bescheuerten Vorladung gegangen... Seit drei Tagen verstecke ich mich und schlafe im Auto...«

»Seit dem letzten Mal? Als wir dich bei der Place du Change getroffen haben?«

»Ich bin nur schnell bei mir vorbei, ein paar Sachen holen, und bin dann verduftet... Aber jetzt musste ich wohl oder übel aus der Deckung kommen... Das konnte ich Jérôme nicht antun... Musste ihn wenigstens ein bisschen begleiten, bei seiner letzten Reise dabei sein...«

Sein besorgter Blick ging zur Aufbahrung, und mit einer raschen Bewegung wandte er sich ab. Ohne sich abzusprechen, folgten ihm Laure und Paco. Sie gingen die Straße in Richtung des Boulevards de la Croix-Rousse hinauf, wo die Händler des Marktes dabei waren, ihre Ware einzupacken.

»Wir sollten vielleicht besser nicht hier durchgehen, hier sind viele Leute«, sagte Laure besorgt.

Toinou schniefte, beschleunigte seine Schritte und warf verstohlene Blicke um sich.

»Je mehr Leute da sind, umso weniger falle ich auf... Keine Angst, damit kenne ich mich aus.«

»Wo warst du die letzten Tage?«

»Hier und da... Ich hab mich in Tiefgaragen rumgetrieben, außerdem kenne ich Sackgassen in den Industrievierteln, in denen nichts los ist... Ich hatte etwas Geld bei mir, aber jetzt hab ich keinen Cent mehr... hab meine Karte zu Hause vergessen, und es ist besser, wenn ich nicht dahin zurückgehe... Die Bullen haben bestimmt ein paar Leute abgestellt, um die Wohnung zu überwachen und auf mich zu warten... Außerdem hab ich kaum noch Benzin...«

»Was können wir tun, um dir zu helfen?«

»Nicht viel... 'ne Dusche vielleicht, ich fang an zu stinken.«

»Und ein gutes Essen, um dich wieder auf die Beine zu stellen, was hältst du davon?«

»Da sag ich nicht nein; ich hab genug davon, kaltes Zeug im Auto zu essen.«

»Ich kenne hier in der Ecke eine gute Adresse: *Le Canut et les Gones*, in der Rue de Belfort.«

»Kenne ich... ist vielleicht 'n bisschen zu gut für mich... hast du gesehen, wie ich aussehe?«

»Da pfeifen wir drauf«, bestimmte Laure. »Wenn du Hunger hast, dann lieber was Richtiges.«

Als sie den *Gros Caillou*, den großen grau-weißen Felsblock, das Wahrzeichen von Lyon, erreichten, der das Ende des Boulevards markiert, bogen sie nach links ab und gingen geradewegs zum Bouchon. Es war noch ganz zu Beginn des Abends, und es waren erst wenige Gäste da. Man platzierte sie in einem kleinen Raum rechts neben dem Hauptraum. Paco bekam ganz große Augen, wie ein Kind an Weihnachten. Hunderte von Pendeluhren, Wanduhren, Carteluhren, Spieluhren, Armbanduhren und Weckern bedeckten die Wände, deren blumige Tapeten mit den zusammengewürfelten Möbeln den Kitsch dieser Kulisse aus Antiquitäten in gewisser Weise unterstrichen. Alte Stücke aus Jugendstilsammlungen hingen neben Kunststoffmodellen aus den Fünfzigerjahren, dazwischen Werbeexemplare der psychedelischen Epoche, vermischt mit klassischeren Formen, rund oder viereckig, aus Holz, Plastik oder Metall. Sogleich griff der Fotograf zum Fotoapparat, den er immer bei sich trug, falls ihn das Gefühl überkam, schnell einen Schnappschuss machen zu müssen. Er war ohne seine ganze Ausrüstung zur Beerdigung gegangen, aber die alte, gebraucht gekaufte Leica war die ideale Lösung, um mal eben aus dem Stegreif zu fotografieren, einfach eine Erinnerung festzuhalten, ohne sich um die Ästhetik zu sorgen. Er streckte die Hand nach oben und machte einige Fotos, während Laure und Toinou die Speisekarte durchsahen.

»Ich fange mit einem Hasenrücken auf Spinatbett mit Polenta an«, sagte die Journalistin, der das Wasser im Mund zusammenlief, »und dann versuche ich ihr Adlerfischfilet mit einem Püree aus Topinambur, Lauch und Maronensplittern.«

»Viel zu raffiniert für mich«, brummelte Toinou. »Ich brauche was Deftiges, irgendwas, um mir den Magen vollzuschlagen.«

»Dann nimm doch einfach zwei Gerichte: die Lammkeule mit Kartoffeln an Steinpilzen und ein Rumpsteak mit Makkaronigratin... Danach noch ein Stück Käse, und du bist satt.«

»Das taugt mir.«

»Ach, und wo ich gerade dran denke, hier, nimm das«,

flüsterte Laure und schob einen Fünfzigeuroschein unter sein Tischset.

»Ich hab zwar meinen Stolz, aber… da sag ich nicht nein! Das bekommst du zurück.«

»Das eilt nicht, mach dir keine Sorgen.«

Das Essen verlief in einer zwanglosen Atmosphäre. Von Zeit zu Zeit stand Paco zwischen zwei Bissen auf, um ein Foto zu machen. Der Fotoapparat ließ ihm keine Ruhe. Er konnte dem Reiz des Dekors, das vor Details überbordete, einfach nicht widerstehen. Hier die Deckenlampen, hergestellt aus Flaschen ohne Flaschenboden, ein Stück weiter eine Werbetafel, eine Discokugel, ein Leuchtschild, Gravuren, und alles reflektiert durch einen großen Spiegel. Laure beobachtete ihn kommentarlos und wartete, bis auch Toinou sich etwas gestärkt hatte, ehe sie ihn befragte.

»Was denkst du denn, kommt dabei raus, wenn du dich versteckst?«

»Dass die Bullen den Schuldigen finden und mich in Ruhe lassen… wenn sie dazu in der Lage sind, diese Idioten!«

»Angesichts des Ausmaßes der Angelegenheit kann ich mir nicht vorstellen, dass sie müßig sind. Sie sind bestimmt im Großeinsatz unterwegs…«

»Das ist so schrecklich für den Ruf von Lyon, da haben sie gar keine Wahl!«, fügte der Fotograf hinzu, der sich über seine kalt werdende Schweinelende mit Karottenpüree hermachte.

»Paco hat recht«, betonte Laure. »Das ist unerträglich.

Sowohl für die Polizei als auch für die Bewohner… Die Luft wird hier bald zum Schneiden; das habe ich heute Morgen in den *Halles* gespürt.«

»Und bis dahin stelle ich mich lieber tot… Also, wie man eben so sagt.«

»Vorhin an der Kirche habe ich mit Éric Chevrion gesprochen…«

»Ja, ich hab euch gesehen. Was für ein Miesepeter, dieser Typ!«

»Er ist nicht unbedingt ein schlechter Kerl, er hat vermutlich Gründe, warum er so ist…«

»Das ist so ein Sauertopf, den konnte ich noch nie leiden.«

»Ich habe ihm ein paar Fragen zu dem geplanten Label gestellt, das sie gemeinsam ausgetüftelt haben, Jérôme, Gilles und er… Weißt du darüber Bescheid?«

»Ihr Schwachsinn von wegen ›USD‹?«

»›Ungeniert statt distinguiert‹… witzige Idee, aber ich habe den Eindruck, dass da noch etwas anderes dahintersteckt… Chevrion wollte mir nicht antworten, es war ihm unangenehm.«

»Er war bei der Sache ja nur der katzbuckelnde Trittbrettfahrer. Ich weiß gar nicht, wieso die beiden anderen – mögen sie in Frieden ruhen! – ihn bei dieser Geschichte mitmachen ließen… Anfangs ging es nur darum, sich über die beiden offiziellen Labels lustig zu machen, die miteinander wetteifern. Sie wollten nur deutlich machen, dass sie autonom waren, dass man alles nicht ganz so ernst nehmen musste, dass man auch anders arbeiten konnte...«

»Eine dritte Bezeichnung, um die Empfehlungen der Gastronomieführer durcheinanderzubringen?«

»So in etwa, ja. Jérôme hat angefangen, eine Satzung aufzusetzen... über die ›neue Art des Führens von Bouchons‹, so hat er das genannt. Gilles hat da seine verrückten Spinnereien eingebracht: In jedem Bouchon müsse es Kartenspiele geben, damit nach dem Essen Karten gekloppt werden könnten; ein Piano oder ein Akkordeon sollte bereitstehen, um die ganze Nacht durchzufeiern; ein ganzer Haufen Vorschläge desselben Kalibers, einfach nur, um allen auf die Nerven zu gehen, sich ins Gespräch zu bringen... das Feuer des Ganzen wieder anzufachen!«

»Und die Gerüchte, die um diesen leicht mafiösen Typen kursieren, der vor etwa drei Jahren versuchte, ein paar Gastwirte einzuschüchtern. Kannst du mir dazu was sagen?«

»Im Augenblick futtern ihn wohl die Sardinen im Hafen von Marseille, oder er vegetiert in irgendeiner Bude vor sich hin... Man hat ihn nie wieder gesehen... Aber wer weiß...?!«

»Vielleicht ist es ja ein alter Zwist, der an die Oberfläche kommt«, sagte Laure und schenkte Toinou ein weiteres Glas Morgon ein.

»Ist mir schnuppe... Ich will gerade nichts mit diesem ganzen Mist zu tun haben. Sie sollen mich einfach vergessen, alle miteinander. Ich hab keine Ahnung, was aus mir werden soll... Keinen Kumpel mehr, keinen Job, kein Dach überm Kopf... ich bin am Arsch!«

»Du bringst es noch zu was in diesem Beruf. Du kannst doch eine ganze Menge, oder?«

»Ja, schon.«

»Deine Linsen à la crème sind ein Gaumenschmaus. Und wenn Jérôme beschlossen hat, dir ihre Zubereitung zu übertragen, dann, weil sie besser waren als seine... Das will ja wohl was heißen!«

»Das stimmt«, räumte Toinou ein.

»Du wolltest uns nie sagen, wie du sie machst. Da gibt es doch bestimmt einen Kniff...«

»Schon...«

»Kannst du ihn mir jetzt nicht sagen?«

»Bohr nicht weiter, Laure. Es gibt ein Geheimnis, und es ist sehr einfach... Aber das werde ich mit ins Grab nehmen!«

19

Die Presse gab sich ihrem üblichen Hang zur selektiven Amnesie hin. Die beiden Ermordungen waren mittlerweile auf die zweite Seite verdrängt worden. Die meisten Artikel erwähnten ein Stocken der Ermittlungen, kauten die Chronologie der Ereignisse wider und zitierten ansonsten nur unerhebliche Zeugenaussagen, die man in der Nachbarschaft aufgegabelt hatte. Die erste Seite der Zeitungen war nunmehr ganz allein Juninho gewidmet, dem sagenumwobenen Fußballspieler, der zwischen 2001 und 2009 maßgeblich am Erfolg von OL, Olympique Lyon, beteiligt gewesen war. Ein unangefochtener Meister des Freistoßes, einer der größten Spezialisten von Standardsituationen in der Geschichte des runden Leders, umjubelter Held von sieben Meistertiteln in Frankreich, sechs Supercup-Titeln und einem französischen Pokalsiegertitel, Torschütze von hundert Toren bei OL, dieser Juninho würde jetzt definitiv die Fußballschuhe an den Nagel hängen. Für ihn hatte die Stunde des Rücktritts geschlagen, und dafür wurde ihm abends im Lokalfernsehen wie auch auf dem Sender des Clubs eine Sonderberichterstattung eingeräumt. Mit einem Jubiläumsspiel, direkt vom brasilianischen Club Vasco da Gama übertragen, sollte der gefeiert werden, dem die Leute in Lyon noch immer nachtrauerten. Ein paar hervorragende ehemalige Spieler von OL und der Präsident Jean-Michel Aulas waren zu diesem Anlass extra nach Rio gereist. Aufgrund der Zeitverschiebung würde die Übertragung gegen dreiundzwanzig Uhr stattfinden. Das Ereignis war bedeutend und in aller Munde.

Paco faltete die Zeitung zusammen und bedauerte die Einladung zum Abendessen, die Laure angenommen hatte. Cécile Frangier hatte darauf bestanden, dass sie an diesem Abend kamen, und so würde er leider nicht in den Genuss dieses Fußballfests kommen. Auch wenn er ein begeisterter Anhänger von Real Madrid war, so brachte er doch außergewöhnlichen Spielern, die bei anderen Clubs unter Vertrag waren, seine Anerkennung entgegen.

Als die Journalistin mit ihren Stiefeln im Stechschritt zu ihm in die Hotellobby kam, war Paco klar, dass ihnen ein anstrengender Tag ohne Unterbrechung oder Pause bevorstand. Laure war mit ihrem Zeitplan ins Hintertreffen geraten und wollte sich nicht länger von den dramatischen Neuigkeiten der letzten Tage dazwischenfunken lassen. Paco folgte ihr gehorsam, was bei ihm eher unüblich war, zeigte sich aber brummig und etwas träge.

Zuallererst ging es die Montée du Chemin-Neuf an den Flanken des Hügels von Fourvière hinauf, wo das Restaurant von Christian Têtedoie lag. Es war auf dem Gelände des l'Antiquaille errichtet worden, einem alten Krankenhaus, das man nach zwei Jahrhunderten treuer Dienste gänzlich umgestaltet und einer anderen Nutzung zugeführt hatte. Laure wollte Têtedoie unbedingt in der nächsten Ausgabe dabeihaben. Zusammen mit Mathieu Viannay sollten damit zwei Sterneköche in einem speziellen Rahmen geehrt werden, direkt nach dem Dossier über die Bouchons, um, falls nötig, daran zu erinnern, dass Lyon auch außerhalb des Kreises um Bocuse über angesehene Köche verfügte.

Der Empfang hätte nicht herzlicher ausfallen können. Têtedoie beantwortete die Fragen des Interviews, ohne Phrasen zu dreschen, gab einige Geheimnisse preis, bot neue Gerichte zum Verkosten an und machte Paco auf interessante Perspektiven vom großen Glasfenster aus aufmerksam, wo man von der Terrasse die ganze Stadt überblickte. Das Panorama war erhaben, die Gerichte von einwandfreier Finesse und das Design von Mobiliar und Geschirr geschmackvoll ausgewählt; Laure fühlte sich hier sehr wohl.

Auch Paco entspannte sich. Ein *pressé de foie gras avec crème de cacao et poire pochée à la cardamome* – eine Gänsestopfleber mit Kakaocreme und pochierter Kardamom-Birne, gefolgt von einem *dos de chevreuil rôti avec salsifis braisés et millefeuille de légumes oubliés au jus de noisette* – einem Rehbraten mit geschmorten Schwarzwurzeln und Blätterteigauflauf mit Wurzelgemüse an Haselnusssauce bekamen seine schlechte Laune vom Morgen in den Griff. Alles war nunmehr in bester Ordnung. Im Anschluss daran machte der Fotograf ein sehr schönes Porträt des Chefkochs in weißer Weste mit der blau-weiß-roten Paspel, die seinen Titel als »Meilleur Ouvrier de France« von 1996 bezeugte.

Laure, immer darauf bedacht, nicht zu viele Kalorien zu sich zu nehmen, versuchte die *saint-jacques en noir et blanc, chorizo et encre de seiche, accompagnées d'une purée safranée et de champignons* – Jakobsmuscheln an Trüffeln und Crème fraîche, Chorizo mit Sepiatinte, begleitet von einem mit Safran parfümierten Püree und Pilzen.

Der restliche Tag wurde auserlesenen Meistern gewidmet: Bäckern, Käsemeistern, Fleischern, Konditoren, Zuckerbäckern ... Sie hatten nicht genug Zeit, allen im Vorfeld Ausgewählten einen Besuch abzustatten, aber Paco würde in ein paar Tagen allein zurückkommen, um die Liste zu vervollständigen. Sie machten weitere Abstecher in kleinere Restaurants, aus denen Laure ziemlich ernüchtert über die durchschnittliche Qualität der Speisen herauskam.

Auf dem Weg ins *Hôtel des Artistes*, wo sie sich kurz frisch machen wollten, ehe sie zum Abendessen zu Cécile Frangier gingen, wollte die Journalistin noch im Bouchon *La Pince ou la Cuisse* vorbeischauen, dessen Spezialität Flusskrebse und Frösche waren. Kaum hatten sie die Schwelle des Restaurants überschritten, spürten sie, wie ihnen Feindseligkeit entgegenschlug.

»Ach, die Pariserin!«

»Was für ein Empfang!«, erwiderte die Journalistin und lächelte skeptisch.

»Wie würden Sie denn gern empfangen werden? Ich gehöre nicht zu denen, die vergessen, Madame!«

»Ein ›Guten Tag‹ reicht völlig.«

»Erinnern Sie sich an Ihren Artikel ›Alles eine Frage des schlechten Geschmacks‹?«

»Die Überschrift ist nicht gerade gelungen, das gebe ich zu.«

»Die Überschrift ist mir völlig schnuppe! Der Inhalt ist mir auf den Magen geschlagen.«

»Ich erinnere mich nicht an die genaue Wortwahl... Das war vor zwei, drei Jahren, oder?«

»Ich helfe Ihnen mal auf die Sprünge: ›Der Flusskrebs ersäuft in seinem Gehäuse, schade, dass das Fleisch die Konsistenz von Watte hat...‹ Und noch ein bisschen heftiger: ›Selbst wenn sie tot sind, sollte man Frösche mit mehr Respekt und Begeisterung sautieren...‹«

»Wenn Sie das sagen, dann muss ich das wohl geschrieben haben«, räumte Laure ein.

»Der Artikel war mit Ihrem Namen unterschrieben!«

»Ich bin anscheinend nicht gerade zimperlich... Aber es tut mir leid, wenn ich Sie damit verletzt habe.«

»Verletzt...? Es ist schlimmer als das: Sie haben uns geschadet... dreißig Prozent weniger Gäste!«

»Ich bin in meinen Artikeln immer ehrlich und fair«, verteidigte Laure sich ruhig. »Ich sage, was ich denke, ohne Kalkül, und ich verspreche niemandem jemals etwas... Ich bin nicht milde oder halte mich bedeckt. Ich mag etwas oder eben nicht.«

»Tja, da sind wir uns ähnlich! Und ich mag Sie nicht... und zwar überhaupt nicht!«

»Und doch bin ich heute zurückgekommen, um herauszufinden, was sich getan hat, wo Sie heute stehen. Ein Bouchon, der so spezialisiert ist wie der Ihre, das ist nicht einfach. Mir wurde berichtet, die Qualität habe sich deutlich verbessert... Wenn dem so ist, dann bin ich bereit, darüber zu schreiben und mein erstes Urteil zu berichtigen.«

»Warten Sie, bis ich tot bin, um mir einen Lorbeerkranz zu verpassen?«

»Nehmen Sie es nicht tragisch. Wenn es gut ist, werden es alle wissen...«

»An dem Tag, an dem man mich erwürgt auffindet?«

20

Nach Einbruch der Dunkelheit wurde das große Wohnzimmer von Cécile Frangier durch das bernsteinfarbene Licht der Chromleuchten zu jeder Seite der beiden Sofas in warmes Licht getaucht. Ein paar Strahler erleuchteten diskret die pastellfarbenen Bilder, und eine filigran durchbrochene Lampe warf kleine Lichtpunkte auf die gemaserte Holztischplatte. Es war eine einladende Atmosphäre, in der man sich gern aufhielt. Es kam einem kaum in den Sinn, sich an eines der drei Fenster zu stellen, um die weiter unten liegende Saône auszumachen.

Als aufmerksamer Gastgeber servierte François Frangier Laure und Paco den Aperitif, während Cécile in der Küche herumwerkelte und Blätterteigteilchen aufbackte.

»Seid ihr sicher, dass ihr nichts Stärkeres wollt?«, fragte er sie. »Zweimal Mineralwasser, wirklich?«

»Das ist wunderbar, ganz ehrlich... Die Nächte sind momentan kurz, und ich halte den Abend nicht durch, wenn ich jetzt schon anfange, Alkohol zu trinken.«

»Das musst du wissen! Aber davon wollt ihr schon, oder?«, fragte er und holte aus einer Schublade im Couchtisch ein Päckchen Pistazien hervor.

»Gerne«, sagte der Fotograf.

»Nein danke«, antwortete Laure spöttelnd. »Aber ich weiß, dass Paco ganz heiß darauf ist... Er trainiert regelmäßig damit!«

Cécile gesellte sich zu ihren Gästen, brachte ein Tablett aus Plexiglas mit butterweichen goldbraunen Blätterteigteilchen.

»Ich hoffe, du bist nicht zu müde, um zu kochen?«, fragte Laure besorgt.

»Mach dir keine Sorgen. Dabei entspanne ich, außerdem muss man doch nach vorne sehen. Ich habe im Übrigen vor, bald wieder im Laden zu arbeiten, man muss ja lernen, von Neuem am Leben teilzunehmen... Heute Nachmittag habe ich meine Aussage auf dem Kommissariat gemacht, auch das musste ich hinter mich bringen... Dort offen über alles zu reden hat mir gutgetan, jetzt werden sie ihren Job machen...«

Die Journalistin stimmte mit leichtem Kopfnicken zu.

»Ja vielleicht, aber in deinem Rhythmus, meine Liebe«, sagte François mit weicher Stimme. »Es eilt nicht... Ich kann den Laden allein führen, solange es sein muss.«

»Das stimmt«, bemerkte Laure. »Du musst dich schonen, außerdem kommt das... Thema... bestimmt regelmäßig im Gespräch mit den Kunden auf den Tisch. Vielleicht ist es besser, wenn du dich davon noch etwas fernhältst.«

François Frangier hob die Hände mit den Handflächen nach oben zu den Balken der Decke, als wollte er den Himmel zum Zeugen nehmen.

»Du weißt gar nicht, wie recht du damit hast, Laure. Das kann man nicht verhindern, Takt ist jedenfalls nicht die Eigenschaft *number one* aller Leute... Mit den Kollegen, den Wirten, das ist was anderes. Sie müssen darüber reden, um ihre Angst zu vergessen, und das kann ich wirklich verstehen! Da kommt einem dieses Spiel in Rio gerade recht, um mal das Thema zu wechseln. Ach... mögen Sie Fußball?«

Die Frage galt ausschließlich Paco, was Laure kränkte, trotz ihres völligen Mangels an Begeisterung für diesen Sport.

»Er liebt es! Das ist geradezu bestürzend!«

Verlegen gab der Fotograf zu, ein leidenschaftlicher Anhänger von Real Madrid zu sein, räumte aber ein, dass er manchmal auch für Barça war.

»Ich bin für OL, das überrascht Sie sicher nicht. Das ist wie mit Cécile: für immer und ewig... Aber Juninho war zehn Jahre unser ›König von Lyon‹...! Wenn Sie Lust haben, dann bleiben Sie doch nach dem Essen noch hier. Dann sehen wir vier uns das Spiel zusammen an.«

Für den Bruchteil einer Sekunde dachte Paco an den winzigen Fernseher auf der Kommode in seinem Hotelzimmer. Im Vergleich zu dem allerneusten Plasmafernseher, neben dem er jetzt saß, kam der ihm noch lächerlicher vor.

»Das ist nett von Ihnen, ein solches Angebot kann ich nicht ausschlagen. Es ist immer schöner, sich ein solches Ereignis gemeinsam anzusehen.«

Laure unterdrückte ein verkrampftes Lächeln, und Cécile schlug unbekümmert vor, sich zu Tisch zu begeben.

In einer großen Tonschüssel, unter dem gesprenkelten Licht der Lampe, wurde eine große Portion Lamm-Tajine serviert, deren sanfte Dämpfe und würzige Aromen den Raum erfüllten. Laure versäumte nicht, der Köchin zu ihrem zarten Fleisch, den fein abgestimmten Gewürzen und dem perfekten Biss des Gemüses zu gratulieren. Offensichtlich waren Letztere dem Garen je nach Kochzeit beigefügt worden, vom festeren zum weicheren Gemüse, von der Kartoffel zur Zwiebel über die Zucchini und die Karotte: Die Ausgewogenheit der Konsistenzen war perfekt. Das Gespräch drehte sich um den Gebrauch des Woks, nicht nur, um die Nahrungsmittel anzubraten, sondern auch um sie auf kleiner Flamme zu garen, wie Cécile es für dieses Gericht gemacht hatte.

»Ein bis zwei Stunden Kochzeit, oder?«

»Du kannst fast mit drei Stunden bei niedriger Temperatur rechnen! Die Aromen brauchen wirklich Zeit, um das Fleisch, das Gemüse und den Bratensaft zu durchdringen.«

»Dabei vergisst man immer, wie wichtig das richtige Zerkleinern ist«, stellte François Frangier fest. »Man darf das Fleisch nicht beschädigen. Es ist völlig unmöglich, ohne gute Messer zu kochen!«

Daraufhin folgte ein langer Vortrag über die Geschichte der Schneidwaren der Familie, ihren Ursprung in der Auvergne, die Schwierigkeiten, die in den Achtzigerjahren auftraten, als viele Kunden sich Produkten minderer Qualität zugewandt hatten, dann die Umstellung des Ladens, der sich nunmehr der Tischkultur widmete. Der Erfolg dieser Wandlung gebührte zum großen Teil Céciles Talent und Arbeitseifer. Laure kannte diese Geschichte bereits in- und auswendig und hörte nur mit halbem Ohr zu. Die Gastgeberin unterbrach ihren Mann schließlich, dessen Erläuterungen ins Uferlose gingen.

»Also, wenn ihr keine Tajine mehr wollt, dann gehe ich zurück in die Küche, um den Nachtisch zuzubereiten. Ich habe eine Überraschung für dich, Laure!«

»Nur für mich? Ganz speziell?«

»Ja, ich weiß, dass du ganz verrückt danach bist.«

»Ich mag so viele Sachen, da ist das Erraten nicht einfach.«

»Ich brauche etwas Zeit, damit der Nachtisch mir auch gelingt, aber alles wird vor Anpfiff des Spiels fertig sein, keine Angst.«

»Ich helfe Ihnen beim Abräumen«, bot Paco an.

Fröhlich folgte der Fotograf Cécile in die Küche, indem er die theatralische Unterwürfigkeit der Kellner großer Restaurants nachahmte. Er platzierte zwei Teller auf einem seiner Unterarme und rief »Vorsicht, heiß!«, als er die Küche betrat. Im Esszimmer vernahm man lautes Klirren von zerbrechendem Geschirr, einen auf Spanisch ausgestoßenen Fluch, ein auf Französisch ausgedrücktes Bedauern und platte Entschuldigungen, die diplomatisch sein sollten. Genau wie die Fliesen war Céciles Samthose mit Tajinesauce und Gemüse befleckt, das am Stoff entlang nach unten glitt. Paco wurde energisch hinausgeschickt, und Cécile bat darum, unter keinem Vorwand gestört zu werden. Sie würde den Schaden allein beseitigen und wollte etwas Ruhe, um sich auf den Rest zu konzentrieren.

Ihr Mann verließ den Tisch, schaltete den Fernseher ein und forderte seine Gäste auf, sich zu ihm zu gesellen. »In solchen Momenten verkrümelt man sich besser«, verkündete er. Paco ließ sich kleinlaut neben die Journalistin auf eines der Sofas fallen, die ihn mit einem finsteren Blick bedachte.

Eine Sondersendung widmete sich der Karriere von Juninho. In einer Zusammenstellung wurden die zwanzig besten, unwahrscheinlichsten Freistoßtore gezeigt, die der Spieler während seiner Zeit bei OL erzielt hatte.

»Gar nicht mal schlecht für einen Kerl, der nicht mit den Händen wirft«, bemerkte Laure.

Paco wagte nicht, etwas zu erwidern, schämte sich noch ganz über seine Ungeschicklichkeit. François Frangier hingegen hörte seinen Gästen schon gar nicht mehr zu.

»Das ist der Hammer, dieser Typ!«, fuhr die Journalistin fort. »Hat wunderschöne Augen, einen unglaublich sinnlichen Mund, einen festen, knackigen Hintern, einen breiten, muskulösen Oberkörper, starke Arme…«

»Er ist verheiratet, hat drei Töchter und lebt in Brasilien«, unterbrach sie der Fotograf.

»Nichts, was es verbieten würde, sich Appetit zu holen! Die anderen sind im Übrigen auch nicht schlecht… Aber sie haben nicht seine Haltung, seinen Blick. Er strahlt was Solides aus!«

»Bei Vasco da Gama, dem brasilianischen Club, in dem er nun die letzten Jahre seiner Karriere spielt, verdient er nur zweihundertsechzig Euro im Monat, kaum mehr als den Mindestlohn, aber er will den Verein finanziell nicht ruinieren...«

»Ein Gentleman in einem Traumbody! Ich bin begeistert.«

Jetzt wurde der Trainer von OL interviewt und kommentierte Archivvideos, in denen die außergewöhnlichen Spielqualitäten der »Freistoßlegende« gezeigt wurden. Man hörte, wie er von einem Spielzug ins Schwärmen geriet und einen »sehr schönen Pass von Juninho« anmerkte.

»Wieso hat er denn auf dem Spielfeld seinen Ausweis dabei?«

»Laure, das nervt!«, stieß Paco verärgert hervor.

»Ich interessiere mich, das ist alles...«

Die Journalistin hatte tatsächlich ernsthaft die Huldigung verfolgt, die dem Spieler 2009 nach seinem letzten Spiel für OL zuteilwurde, in dem er zudem sein hundertstes Tor schoss. Die Ergriffenheit auf den Tribünen und dem Spielfeld des Stade de Gerland war spürbar. Der Club bat ihn, noch ein Jahr länger zu bleiben, und es war offenkundig, dass der Spieler Lyon nur ungern verließ. In den Sitzreihen hatte der Fanclub, die »Bad Gones«, angefangen, eine der Hymnen auf den Ruhm des Kapitäns anzustimmen: *Juninho, lala lalala.*

Wie ein Echo hörten Laure und Paco Cécile ins Wohnzimmer zurückkommen, die lauthals in diesen Gesang einfiel. Danach servierte sie unter dem erstaunten Blick ihrer Gäste vier glasierte Eiskuppeln aus Schokolade, Mokka und Spekulatius.

»Was ist denn los? Ich bin doch nicht verpflichtet, nur die Oper zu mögen«, sagte sie und wischte sich eine Träne aus dem Augenwinkel.

21

Der japanische Mietwagen roch nach neuem Plastik. Es handelte sich um ein dreitüriges Modell ohne Charme oder besondere Merkmale, mit pastellfarbenen Sitzüberzügen und ebenso protzigem wie unnötigem elektronischen Zubehör. Paco fuhr nicht so schnell, wie wenn er allein unterwegs gewesen wäre. Er wusste, dass Laure Autos hasste, und wollte sie schonen, indem er jede Kurve gefühlvoll nahm. Durch irgendeinen glücklichen Zufall hatte sie einst ihren Führerschein erhalten, doch sie hatte ihn nie gebraucht, und das Dokument war seitdem so gut verräumt, dass sie es unmöglich wiederfinden würde. Métro, Bus und Vélib, das öffentliche Fahrradverleihsystem, reichten ihr, um sich nach Belieben in Paris fortzubewegen. Nur selten genehmigte sie sich ein Taxi. Und wenn sie doch einmal außerhalb der Ringautobahn von Paris zu tun hatte, dann befand sie, Zug und Flugzeug waren erfunden worden, damit man sie nutzte, und es gab keinen Grund, die Hälfte ihrer Lebenszeit an ein Steuer geklammert zu verbringen. Sicher, diese Theorie war dürftig und ein bisschen versnobt, aber sie war damit vollauf zufrieden.

»Paco, kannst du das Radio bitte leiser stellen?«

Ohne zu murren, kam der Fotograf ihrer Bitte nach und stellte das Radio leiser, behielt aber gleichzeitig den Blick auf die Straße gerichtet. Nach einer Weile drehte Laure sich zu ihm und bat ihn in ihrer verführerischsten Stimme, um sich ihre Frustration nicht anmerken zu lassen:

»Stört es dich, wenn wir es ganz ausmachen?«

Paco fügte sich und kappte eine hypnotische Schleife kommerzieller Technomusik, gerade als sie so richtig abheben wollte.

»Dir scheint es nicht so richtig gut zu gehen«, bemerkte er besorgt.

»Ich mache mir Sorgen um Toinou. Außerdem denke ich an Gilles Mandrin. Man weiß noch nicht, wann seine Beerdigung sein wird, und ich frage mich, ob ich hingehen kann. Diese ganze Geschichte treibt mich um...«

»Das verstehe ich.«

»Und trotzdem muss weitergearbeitet werden. Das ist nicht einfach... Wir fahren morgen Abend wieder nach Hause, und du wirst allein zurückkommen müssen, um die Porträts der Meister zu vervollständigen, die als Infokästen dargestellt werden sollen.«

»Du reist nicht mit?«

»Du wirst ganz gut ohne mich zurechtkommen. Ich hab in der kurzen Zeit so unglaublich viel Arbeit, um die nächste Ausgabe rechtzeitig fertigzustellen... Außerdem kenne ich sie alle, ich muss sie nicht unbedingt erneut treffen... Ich stelle dir eine Liste mit Namen, Adressen und Telefonnummern zusammen, damit du deine Termine machen kannst.«

»Und wann soll ich zurückkommen?«

»Wenn du mir die Aufnahmen mit den Jakobsmuscheln gerettet hast... Daphnée hat einen Ersatzfotografen gefunden, aber ich hab kein gutes Gefühl bei ihm...«

»Es gibt keinen Grund, warum er das nicht hinbekommen sollte«, versicherte ihr Paco.

»Vielleicht, aber ich arbeite lieber vorausschauend, und ich habe nicht vor, hier einen Reinfall zu erleben.«

»Und wie hättest du sie gerne, deine Meister?«

»Ein paar haben den Titel »Meilleur Ouvrier de France« erhalten... die hätte ich gerne in Berufskleidung, den blau-weiß-roten Kragen gut sichtbar.«

»Keine Angst, ich kenne meinen Job.«

»Ja, aber es ist dennoch wichtig, die herausragende Qualität zu betonen. Die meisten haben hart dafür gearbeitet, und sie rackern sich immer noch ab. Man muss ihre Verdienste würdigen... Was das Fleisch betrifft, da gehst du am besten zur Boucherie André, mich interessiert vor allem der Vater der Familie Baronnier; dann wäre da noch Éric Cochet, der ursprünglich aus der Bresse kommt... Was die Boucherie Centrale betrifft, sieh zu, dass du ein Paarfoto von Samuel Perrier und Nadège Giraud zustande bringst: ein Foto des Ehepaars vor dem Hauklotz, so was hat man nicht oft... Und Maurice Trolliet mit seinem Sohn Alexis, dem er die Liebe für diesen Beruf weitergegeben hat... Nicht zu vergessen der Schnurrbart von Henri Meunier. Meunier ist einer, der sein Handwerk beherrscht. Kurz, lauter Leute mit einer Leidenschaft...

Ideal wäre es, wenn die Fotos am Ende aussehen wie Künstlerporträts ...

»Weiter nichts?!«, spöttelte Paco.

»Warum nicht? Es ist eine Kunst, das Fleisch zuzubereiten ... Schneiden, vorbereiten, effilieren, zerlegen, entbeinen: eine richtiggehend filigrane Arbeit wie die eines Juweliers ... eines Tages werde ich es dir erklären.«

»Fleisch ist so verdammt schwer zu fotografieren. Für das Ergebnis kann ich nicht garantieren.«

»Ich weiß, dass du Wunder bewirken wirst!«

»Ich versuch's, aber es gibt nichts weniger Inspirierendes als einen reglosen Fleischklops; die Rottöne können leicht übersättigt sein, er kann nur sehr beschränkt inszeniert werden, da kommt kein Glamour auf ... Man muss unglaublich auf die Ausleuchtung achten, sonst riecht das Bild quasi nach Kadaver ...«

»Also, was mich betrifft, so bin ich immer ganz ergriffen von einem Rindernackensteak an Petersilie, einer faserigen Unterschale oder einem Lammkarree, das innen noch rosa ist ...«

Angekommen vor den Toren von Bourg-en-Bresse, bogen sie auf eine andere Landstraße ab und fuhren weiter aufs Land. Nach etwa zehn Kilometern kamen sie schließlich bei einem Hof an, der den Namen Deloiseau zurecht trug, da man sich auf zertifiziertes Bio-Geflügel aus der Bresse in Freilandhaltung spezialisiert hatte, das dort nach alter Tradition aufgezogen wurde. Der Chef empfing sie mit einer nicht geheuchelten Fröhlichkeit. Ein Artikel in

Plaisirs de table war für ihn Zeichen einer seit Langem ersehnten Anerkennung. Der Besuch lief ordnungsgemäß ab, und sie hielten sich an die Vorschriften: Haube und Mundschutz aus Papier, Überschuhe, belehrender Vortrag an jedem Posten – Schlachtung, Trockenrupfen und Vorbereitung des Geflügels, detaillierte Fragen und durchdachte Antworten.

Nachdem sie das Labor im Eilschritt durchquert hatten, verweilten sie länger in den Bereichen der Aufzucht und durften sich einen umfangreichen Vortrag über folgende Themen anhören: Verteilung des Geflügels je nach Alter, Größe, das Überprüfen der Entwicklung, maishaltige Ernährung, die Mast innerhalb eines eingezäunten Grundstücks, »épinette« genannt, Beringung und Beschneidung der Krallen. Paco schoss unzählige Bilder, kniend im kurzen Gras inmitten der Hühner, und war schlussendlich über und über mit Federn bedeckt.

Deloiseau bat sie, ihm in sein Büro zu folgen. Er bot ihnen einige Werbeprospekte zum Mitnehmen an und konnte seinem Drang nicht widerstehen, die Diplome und Trophäen zu zeigen, die er bei dem Wettbewerb »Glorieuse de Bresse« erhalten hatte. Laure blieb vor einer Kohlezeichnung stehen, auf der die Büste eines eleganten Mannes des neunzehnten Jahrhunderts in einem Mahagonirahmen abgebildet war. Mit Spitzbart, dichten Augenbrauen, glänzendem Haar und hochgerecktem Kinn thronte er mit der Miene eines exaltierten, unbedeutenden Adligen über dem Schreibtisch.

»Einer Ihrer Vorfahren?«, fragte sie neugierig.

»O nein: Was Sie hier vor sich haben, ist der ruhmreiche Verfechter des Bressehuhns, der große Poet Gabriel Vicaire, der zweifach von der Académie française ausgezeichnet wurde.«

»Der ist mir nicht bekannt.«

»Er ist 1900 gestorben, und Sie können mir glauben, Künstler wie den trifft man heute nicht mehr an. Hören Sie sich nur dieses schöne Gedicht an!«, sagte er, griff nach einem kleinen, in Leder gebundenen Buch, in dem er gar nicht blättern musste, um den Text zu finden, den er auswendig konnte. »Spitzen Sie die Ohren! Es heißt ›Die Poularde!‹«

Naives Kind, das in der Bresse weidet,
bist schmackhaft und so nett.
Ein weißer Wams von Fett
gar vorzüglich dich kleidet.

Cousine des fettleib'gen Kapaun,
von denen unser Land gar wimmelt,
wirst in der Hühnerfamilie angehimmelt,
und auch wir lieben, dich zu schaun.

Er spulte noch einen weiteren Schwall Reime ab, in denen vom Pommard, einem beachtlichen Wanst, den guten Esserinnen von Maisbrei und der Sünde des Naschens die Rede war. Er deklamierte, dass einem das Wasser im Mund zusammenlief, und wetterte weiter, bis zum letzten Vers, den er emphatisch vortrug:

> *Sollt' mein Pfarrer mich auch rügen,*
> *bis mir schlägt die Stund, die letzte.*
> *O Frühlingspoularde, du geschätzte,*
> *ich werde weiterhin dich lieben!*

Laure und Paco gaben sich ganz verzückt, ergingen sich ungeschickt in den üblichen Höflichkeitsfloskeln, aber Deloiseau, dessen knallrote Wangen seine Aufregung widerspiegelten, bemerkte dies nicht und schlug sogleich vor, ihnen auch noch »Der Kapaun« zu rezitieren, eine Ode, die Vicaire ebenfalls in einem Dutzend Vierzeiler verfasst habe. Sie gaben einen dringenden Termin in Lyon vor, beriefen sich auf die lange Strecke und versprachen wiederzukommen. Deloiseau ließ sie nur ungern abfahren, hatte das aufgeschlagene Buch noch in der Hand, als das Auto vom Hof rollte.

Sie warteten, bis sie ein gutes Stück gefahren waren, ehe sie prustend loslachten.

»Noch ein bisschen länger, und wir hätten den gesamten Hühnerhof durchgenommen!«, presste Paco hervor und schaltete nebenbei das Radio ein.

Er nutzte den Stakkato-Rhythmus des drei Jahre alten Technosongs, um einige Oden zum Ruhm des Schweins, des Truthahns und des Igels zu improvisieren. Er imitierte den Beat der Latino-Rapper aus Spanish Harlem ziemlich gut, und Laure lachte bei jedem, immer anstößiger werdenden Reim laut auf. Der Fotograf setzte dem noch eins drauf, und sie glaubte schon, gleich keine Luft mehr zu bekommen, als er damit anfing, sich die Tiere in pornoreifen Szenen auszumalen.

Paco beschleunigte, ohne sich deswegen Vorwürfe einzufangen, und stellte das Radio lauter, als sie sich Lyon näherten. Der Wetterbericht verkündete einen Wärmeeinbruch, begleitet von leichtem Regen, und der Verkehrsbericht vermerkte nur wenige Stockungen auf dem nördlichen Ring; dann setzten die Nachrichten mit einer Meldung ein, die sich, dem Tonfall des Moderators nach zu schließen, seit dem Morgen in Endlosschleife wiederholte und bezüglich der keine neuen Auskünfte vorlagen. Éric Chevrion, Wirt des Bouchon *Les Vieux Fagots*, war im Nebenraum seines Restaurants tot aufgefunden worden.

22

»Jetzt geh schon ran!«

Die Kurzmeldung hatte nur wenige Details verkündet. Laure versuchte, auf anderen lokalen Sendern mehr in Erfahrung zu bringen, stellte aber sehr bald fest, dass überall dieselben Kurzansagen wiederholt wurden: Ein drittes Opfer, ein dritter Bouchon, die makabre Serie setzte sich fort. Mehr erfuhr man nicht.

Jean-Philippe Rameau antwortete gerade rechtzeitig, bevor der Anrufbeantworter seines Telefons sich einschaltete.

»Ja.«

»Hallo, ich bin's, Laure. Störe ich?«

»Hallo.«

»Ich habe soeben von Éric Chevrion erfahren... Schrecklich!«

»Wie immer.«

»Bist... bist du noch an der Geschichte dran?«

»Natürlich.«

Obwohl Paco sich auf das Fahren konzentrierte, schlich sich ein kleines, freudiges Lächeln auf sein Gesicht, als er Laures Verwirrung bemerkte. Rameau wirkte kühl oder wenigstens nicht sehr redselig. Laure ließ sich nicht weiter aus der Fassung bringen und beschloss, ihre Strategie zu wechseln:

»Sagt dir ›USD‹ was?«

»Warum?«

»Es sagt dir also was.«

»Vage, aber warum erzählst du mir jetzt davon?«

»Weil Jérôme Thévenay, Gilles Mandrin und Éric Chevrion vorhatten, gemeinsam dieses neue Label ins Leben zu rufen.«

»Wer hat dir das erzählt?«

»Das ist egal. Es bedeutet aber, dass es zwischen den drei Toten eine enge Verbindung gab... Eine Verbindung, die über die einfache Tatsache hinausgeht, dass sie einen Bouchon in Lyon führen...«

»Hast du mit der Polizei darüber geredet?«

»Nein. Ich hatte keinen Grund, ich bin nicht davon ausgegangen, dass auch Chevrion sterben würde!«

»Ja, klar.«

»Weißt du... weißt du, wie er umgebracht wurde? Dieselbe Vorgehensweise?«

»Von wo rufst du mich an?«, fragte Rameau leicht genervt. »Ich höre so was wie Motorengeräusche...«

»Wir kommen von Bourg-en-Bresse zurück, Paco und ich.«

»Hör zu, ich bin in einem Café in der Rue Saint-Jean. Triff mich dort«, schloss er, ohne eine Antwort abzuwarten.

Die letzten zwanzig Kilometer legten sie in Grabesstille zurück. Pacos Blick folgte der weißen Linie, die sich über den nassen Asphalt erstreckte, während Laure einen Punkt am Horizont fixierte. Beide waren sie wie erstarrt, ganz benommen von der Neuigkeit. Als sie sich der Altstadt näherten, gestaltete es sich etwas komplizierter. Die Polizei hatte das Gebiet um das *Vieux Fagots* abgesperrt, um eine ebenso verängstigte wie neugierige Menge auf Distanz zu halten. Der Verkehr wurde immer dichter, Hupen ertönten, die Gemüter heizten sich auf, eine erstickende Atmosphäre machte sich an den Ufern der Saône breit. Laure rief Rameau erneut an:

»Es wird schwierig für mich, zu dir zu kommen. Um den Sicherheitsgürtel herum wimmelt es nur so von Leuten, die Straßen sind blockiert, jeder Autofahrer versucht, sich irgendwie durchzuschlängeln, die Anspannung ist mehr als spürbar und...«

»Auf welcher Höhe bist du?«

»Gegenüber vom Pont Maréchal-Juin.«

»Okay... Sag Paco, er soll dich am Ufer vor dem Gerichtsgebäude rauslassen, ich hole dich dort ab.«

Mit Bedauern ließ der Fotograf Laure aussteigen und machte sich lustlos auf den Weg zur Autovermietung, um das Auto zurückzugeben.

Kaum dass sie ausgestiegen war, sah die Journalistin Jean-Philippe Rameau mit angespannten Schritten auf sie zukommen, den Blick besorgt nach unten gerichtet.

»Es ist nett, dass du mich abholen kommst. Hier ist die

Stimmung wie aufgeladen. Ich glaube, da braut sich richtig was zusammen.«

Dem Journalisten aus Lyon fiel ein Anflug von Besorgnis in Laures Blick auf, und er fand sie damit noch charmanter.

»Wir meiden die Menge. Da hab ich mich ohnehin noch nie wohlgefühlt.«

Sie gingen ein paar Schritte in Richtung des abgesperrten Bereichs und blieben vor einer kleinen Tür mit Eisenbeschlägen stehen, die Jean-Philippe Rameau öffnete.

»Hier lang!«

Eine dunkle Gasse mit Tonnengewölbe führte sie in einen Innenhof, der von Renaissance-Gebäuden eingefasst war. Laure bewunderte die Gänge mit den Doppelbögen, die an jedem Ende von einem beeindruckenden Pfeiler, bestehend aus drei Säulen, gestützt wurden. Plötzlich standen sie vor einem Rundturm mit Wendeltreppe, der mit wunderschönen Hüftbögen versehen war. Rameau achtete gar nicht darauf und trat in eine weitere Allee, von der es zur Rue des Trois-Maries ging. Er hatte die Hand bereits am Türgriff und wartete auf Laure, die ganz verzaubert von der Örtlichkeit war. Wieder draußen an der frischen Luft gingen sie einige Meter weiter und entdeckten am Ende der Straße die Sicherheitsabsperrung, die die aufgeregte Menge zurückhielt. Die Gerüchteküche brodelte, die Angst war greifbar. Die beiden Journalisten eilten ins Innere eines weiteren Gebäudes, dessen Fassade Kreuzstockfenster zierten. Am Eingang zum Hof blieb Laure vor einem Rundturm stehen und hob den Kopf zu den ersten Stufen, um die majestätische Wendeltreppe zu bewundern, die einem die Illusion vermittelte, bis in den Himmel zu reichen. Jean-Philippe Rameau legte Laure eine Hand auf die Schulter.

»Jetzt sag bloß nicht, dass du die Traboules nicht kennst!«

»Doch, natürlich«, antwortete sie, ohne den Blick von den filigran gearbeiteten Bögen abzuwenden. »Aber ich habe bisher nur von ihnen gehört. Ich bin noch nie durch eine gelaufen ... Das ist beeindruckend!«

»In Lyon gibt es viele schöne Sachen. Du musst dich nur von mir führen lassen.«

Das Handy des Journalisten vibrierte. Er sah sich die SMS an, die er bekommen hatte, antwortete darauf und schlug vor, zur Rue Saint-Jean hinauszugehen, um in die Bar zurückzukehren, in der er sein Hauptquartier eingerichtet hatte.

»Wie hast du von der Geschichte mit ›USD‹ erfahren?«

»Erzähl du mir erst was von diesem dritten Mord«, bat Laure. »Gleiches Vorgehen?«

»Man könnte meinen, dass diese Geschichte dich wirklich interessiert!«

»Das ist auch so. Also?«

Rameau betonte die zwingende Notwendigkeit, die Informationen, die er ihr mitteilen würde, absolut geheim zu halten.

»Die Vorgehensweise war ähnlich, aber nicht identisch: drei Schläge in den Nacken statt eines einzigen; das Opfer wurde mit einem Gefrierbeutel und nicht mit einem Müllsack erstickt. Die Hände waren mit Bratenschnur statt mit Paketschnur zusammengebunden. Die Einnahmen wurden gestohlen, aber dieses Mal hat man die Münzen und die Schecks zurückgelassen.«

»Warum diese Änderungen? Hat jemand oder etwas den Mörder gestört? Sind seine Pläne durcheinandergebracht worden?«

»Das weiß man noch nicht... Die Zeugenvernehmungen laufen noch«, erläuterte Rameau, das Handy in der Hand.

»Glaubst du, es könnte eine Art *Botschaft* sein? Als wollte der Mörder uns damit etwas begreiflich machen?«

»Keine Ahnung! Ich hoffe einfach nur, dass dieser Mord von unserem Mann und nicht von einem Gestörten verübt wurde, einem Verrückten, der den *berühmten Mörder* kopieren will, damit man in der Presse von ihm berichtet und er das Gefühl hat zu existieren...«

»Das ist doch verrückt!«

»Lässt sich aber nicht ausschließen. Die Situation wird unkontrollierbar, die Polizei ist äußerst angespannt, und der Präfekt steht kurz vor einem Schlaganfall. Ich durfte mich dem Tatort nicht einmal nähern...«

»Und die Autopsie von Gilles... hat sie nichts ergeben?«

»Nichts. Er wird bald beerdigt, aber man wartet noch auf ein paar Angehörige, die im Ausland leben.«

Rameau konsultierte sein Handy und stellte mit Bedauern fest, dass es noch immer keine Neuigkeiten gab.

»Jetzt, wo ich dir gesagt habe, was ich weiß, wiederhole ich meine Frage: Von wem weißt du von der Geschichte mit dem neuen Label?«

»Von einem der Opfer.«

Jean-Philippe schien mit dieser Antwort nicht zufrieden zu sein.

23

Es war unmöglich, von Lyon abzufahren, ohne einen Abstecher ins *Café des Fédérations* zu machen. Yves Rivoiron war eine Persönlichkeit, an der man nicht vorbeikam, und gemäß eines Rituals, das Laure Grenadier immer einhielt, beschloss sie, ihren letzten Abend in Lyon in den heiligen Hallen in der Rue Major Martin zu verbringen, gleich neben dem Rathaus. Um die Reportage zu vervollständigen, musste Paco in diese Hochburg des »Bouchonkults« kommen, damit er die Atmosphäre und Gerüche dort aufsaugen konnte.

Der Empfang war in gewisser Weise verrückt. Yves umarmte Laure überschwänglich, fragte sie, ob sie zu ihm kam, um endlich etwas auf die Rippen zu bekommen, und setzte ein Pärchen in der Nähe der Theke freundlich um, damit die Gastronomiekritikerin sich für alle gut sichtbar wie auf dem Präsentierteller niederlassen konnte. Doch Laure war das ganz und gar nicht peinlich, sie ließ sich lachend auf das Spiel ein und nahm eine pharaonengleiche Haltung ein.

»Was darf es für Sie sein, meine Schöne?«

»Wie immer, Sie entscheiden für mich, und alles wird vorzüglich sein.«

»Und für den jungen Mann?«

Paco bat um die Karte, doch die Journalistin bemühte sich, ihm zu bedeuten, dass man sich hier der Wahl des Chefs überlassen musste. Rivoiron war ohnehin bereits in die Küche zurückgekehrt, ohne dem Fotografen zugehört zu haben. Zwischenzeitlich hatte die Kellnerin ihnen eine Karaffe Morgon und eine Karaffe Wasser gebracht.

Laure füllte die Gläser und entspannte sich langsam. Sie fuhr sich mit der Hand durch die Haare und schob dann die Ärmel ihres grauen Kaschmirpullovers etwas nach oben, auf dem eine zweireihige rote Perlenkette mit dezenten Kettengliedern aus Silber erstrahlte. Der Fotograf schaute sich jedes Detail des Lokals an. Er hatte vor, mit der kleinen Leica zu fotografieren, um den Charme des Essens nicht zu stören. Er wollte sich auch nicht fühlen wie bei der Arbeit, wo er doch die Anstrengung unternommen hatte, sein ewig gleiches Globetrotter-Outfit abzulegen. Für den heutigen Abend hatte er ein schwarzes Hemd gebügelt, und zwar das eine, das in seinem Gepäck am wenigsten zerknittert war, er hatte sich frisch rasiert und etwas Ordnung in seine Mähne gebracht.

Hätte es diese dickbäuchigen Schweine nicht als Deko gegeben, diese unzähligen Gegenstände zum Ruhm der Schweinerasse, ob nun aus Porzellan, Glas oder Holz, bis hin zu den Toiletten, wo zwei große Ferkel, Männlein und Weiblein, daran erinnerten, dass alles im Abwasserkanal landete, hätte der Ort hier romantisch wirken können. Paco vergegenwärtigte sich, dass er wirklich ein Glückskerl war: Er hatte das Privileg, seine Mahlzeiten mit einer charmanten, eleganten und lebhaften Frau einzunehmen, wohingegen Rameau alle Register hatte ziehen und sich in Aufmerksamkeiten ergehen müssen, um ein einziges läppisches Treffen unter vier Augen zu ergattern.

Den Auftakt machte eine gemischte Platte vom Schwein, darunter eine köstliche Hartwurst, halb Schwein, halb Rind, ein cremiges Linsengericht namens »Kaviar aus Croix-Rousse« und Rillette vom Hering. Dann servierte man ihnen den Hauptgang: *cassolette de quenelles de brochet sauce Nantua aux écrevisses* – ein Pfännchen mit Hechtklößchen in einer Sauce Nantua an Flusskrebsen für Laure, die ganz verrückt danach war, und eine *assiette de tripes* – ein großer Teller Kutteln Lyoner Art für Paco, der darüber etwas beunruhigt war. So hatte Yves Rivoiron entschieden. Seine Wahl war gewagt, denn sie hätte als Provokation aufgefasst werden können, doch nach dem ersten Bissen des Spaniers stellte sie sich als Offenbarung heraus. Seine Befürchtung verwandelte sich in eine Art erstarrte Ekstase, ein zugleich euphorisches und entzücktes Glücksgefühl, ähnlich den großen Mystikern der spanischen Kirche.

»Jetzt aber, komm wieder runter, Paco! Hast du das noch nie gegessen?«

»Allein der Name hat mich angewidert... aber das Zeug da ist überwältigend!«

Laure rief nach dem Chef, der hereineilte.

»Genial!«, ließ ihn der Fotograf wissen. »Das ist das erste Mal, dass ich das esse! Ganz schön riskant von Ihnen...«

»Halleluja! Ein Kutteln-Novize! Wusste ich doch, dass ihm so was schmecken könnte!«

»Bei uns kommen da noch Tomaten dazu, und das sieht echt widerlich aus... Aber das hier... also ehrlich...«

»Es gibt sehr viele Möglichkeiten, sie zuzubereiten, manche machen es tatsächlich mit Tomaten oder was weiß ich... Es gibt ebenso viele Varianten, wie es Köche in einem Land gibt... Aber die richtigen Kutteln Lyoner Art, das sind die, die Sie im Teller haben!«

»Sind die schwierig zuzubereiten?«

Bevor er antwortete, nahm sich Rivoiron die Zeit, seine marineblaue Krawatte zurechtzurücken, auf der ein Eber und seine Sau in verschiedenen Positionen des Kamasutras abgebildet waren.

»Wichtig ist, die Innereien – etwa zwei Kilo – erst mal einzuweichen, einen ganzen Tag in kaltem Wasser... Man muss daran denken, das Wasser regelmäßig zu wechseln. Dann blanchiert man sie und lässt sie abtropfen... In der Zwischenzeit bereitet man mit Suppengrün eine Gemüsebouillon zu... Nachdem man die Innereien in feine Streifen geschnitten hat – Achtung, hierfür braucht man ein gutes Messer –, lässt man sie zweieinhalb Stunden in der Bouillon: Das ist das Mindeste. Wenn sie gut durch sind, lässt man sie erneut abtropfen.«

»Das klingt nicht sehr kompliziert, aber es dauert.«

»Tja, ohne Fleiß kein Preis, junger Mann! Dann schneidet man acht große Zwiebeln klein, brät sie in einer Pfanne mit einem Stück Butter und ein bisschen Öl an und gibt dann die Innereien hinzu. Salz und Pfeffer, frisch gemahlen natürlich, und schön goldbraun anbraten lassen. Sie müssen knusprig sein ... Kurz vor dem Anrichten mit rotem Essig ablöschen und mit einem Bund feingehackter, glatter Petersilie bestreuen. Fertig – keine Hexerei!«

Das Ende des Abendessens verlief in einer gewissen Schwelgerei. Der Mandelkuchen wurde verspeist und brachte ein paar glückliche Kindheitserinnerungen hervor, die Karaffe Morgon war leer, die Karaffe Wasser kaum angerührt. Paco hatte nur wenige Fotos gemacht, war aber der Meinung, dass diese ausreichten. Ehe sie gingen, stand Laure auf, ging zur Kasse und bat um die Rechnung.

»Wir bekommen gleich noch Streit miteinander!«, sagte die Kellnerin halb im Scherz.

»Ich habe mein Essen immer bezahlt ... Wir werden unsere kleinen Gewohnheiten nicht heute Abend ändern!«

»Schon, aber ausnahmsweise könnten Sie einfach mal akzeptieren, dass man Sie einlädt ... Das wäre uns eine große Freude«, drängte Yves Rivoiron, der gerade Weingläser in einem Regal ausrichtete.

»Irgendwann vielleicht ... Bis dahin passen Sie auf sich auf und seien Sie vorsichtig: Ich habe keine Lust, Sie auf der Titelseite der Zeitungen wiederzufinden ... Solange man den Mörder der Bouchons nicht gefunden hat, geben Sie bloß acht, wenn Sie abends abschließen ...«

Die Kellnerin holte ein langes Küchenmesser hinter der Theke hervor und reckte es großspurig nach oben.

»Wir erwarten ihn ... Soll er nur kommen!«

Überrascht über dieses energische Auftreten seiner Angestellten, warf Yves das Geschirrtuch auf den Tresen und griff nach einer über einen Meter langen Salami Rosette, die an einem Balken hing. Er hob sie mit beiden Händen nach oben, wie einen Streitkolben, und brüllte:

»Und ich verpasse ihm damit eine... daran wird er sich erinnern, dieser verfluchte Kerl!«

24

Mit grauem Haar und vom Alter gebeugten Körpern hatte ein amerikanisches Touristenpaar als Erstes den Speisesaal des *Hôtel des Artistes* betreten. Ihre Reise durch Europa sah einen Zwischenstopp in Lyon vor, »der Heimatstadt von Paul Bocuse«, und sie wollten sich nichts entgehen lassen. Die Bedienung hatte soeben das Buffet für das kontinentale Frühstück hergerichtet und ihnen gezeigt, wo heißes Wasser für den Tee und der Kaffee waren.

Nach und nach füllte sich der Saal, hauptsächlich mit Touristen aus ganz Europa, die sich die Hauptstadt Galliens ansehen wollten. Nach dem *thank you* hörte man mehrmals *danke, grazie* und sogar ein *spasiba*.

Dann kam Laure die Treppe von ihrem Zimmer herunter, vertieft in die Organisation ihres letzten Arbeitstages in Lyon. Auf der Suche nach einem freien Tisch entdeckte sie Jean-Philippe Rameau, der sich erhob und ihr bedeutete, zu ihm zu kommen.

»Was machst du denn hier?«, fragte sie überrascht.

»Du scheinst nicht gerade erfreut, mich zu sehen.«

»Ich habe vor allen Dingen Angst, dass du mir schlechte Neuigkeiten bringst. Noch ein Mord gestern Abend?«

»Nein, zumindest weiß ich nichts davon. Ich bin zu dir gekommen, weil es so weit ist: Wir haben eine Spur.«

Laure riss ihre grünen Augen weit auf.

»Ich hole mir schnell was zu essen, dann bin ich ganz für dich da.«

Die Journalistin aß ihre Rühreier mit geräuchertem Lachs und lauschte andächtig Rameaus Erläuterungen.

»Die Polizei hat das *Vieux Fagots* von oben bis unten durchkämmt. Wie in allen Restaurants haben sie Hunderte Fingerabdrücke gefunden. Nichts Interessantes. Die Bullen sind sich aber sicher, dass Chevrion versucht hat, sich zu verteidigen. Im Kampf hat der Angreifer ein Indiz hinterlassen.«

»DNA-Spuren?«

»Nein. Zumindest weiß ich nichts davon... Aber ich habe von einer undichten Stelle bei der Kripo ein paar Infos zugespielt bekommen. Frag nicht, wie das möglich war, das sind meine kleinen Tricks...«

»Ich frag ja gar nicht!«

»Sagen wir mal so, unter Freunden arrangiert man sich: ein Gefallen im Gegenzug für einen anderen... Die Leute im Labor haben die ganze Nacht gearbeitet, so langsam wird von oben nämlich so richtig Druck gemacht, und keiner will, dass die Wähler ausflippen... Wie auch immer, die Ergebnisse lagen heute Morgen vor, und wie es aussieht, haben sie Blut gefunden...«

»Von Chevrion oder dem Mörder?«, unterbrach Laure aufgeregt.

»Blut von einem Tier. Erhitztes Blut... gekocht, wenn du so willst...«

»Von welchem Tier?«

»Ich hab keine Ahnung... auch pflanzliche Stoffe, Fasern, Stärke... Mehr weiß ich nicht. Dafür habe ich etwas bekommen... Das ist wirklich vertraulich... Normalerweise dürfte das gar nicht in meinem Besitz sein, noch weniger dürfte ich es mit jemandem teilen, aber...«

Rameau zog ein DIN-A4-Blatt aus der Tasche, faltete es auf und reichte es Laure.

»Man hat Spuren von Gewürzen auf der Kleidung des Opfers gefunden. Die Polizei hat alle Schränke des Restaurants durchwühlt und sich gründlich jedes im *Vieux Fagots* angebotene Gericht durchgesehen. Offenbar wird keines davon mit diesen Zutaten zubereitet. Kannst du das bestätigen?«

Laure ging die Liste durch, fuhr mit dem Zeigefinger an den Zeilen entlang, während sie aufmerksam las.

»Das kann ich bestätigen!«, erwiderte sie bestimmt. »Ich kenne Chevrions Küche, da bin ich mir ganz sicher... Die Bullen müssen hiermit keine Zeit vergeuden! Aber du hast ein Pluszeichen vor die ersten vier gemacht... Weshalb?«

»Das sind die Gewürze, die in größerer Menge vorkamen. Die anderen wurden ebenfalls gefunden, aber in geringerem Maße. Deine Meinung als Expertin ist wirklich wertvoll für mich, und ich danke dir... Wir haben also eine Spur!«, sagte er, als er sein Handy aus der Tasche zog.

Er wollte gerade wählen, zögerte dann und sagte an Laure gerichtet:

»Ich muss los, du verstehst doch. Behalte das Blatt... Solltest du irgendeine Idee dazu haben, dann melde dich. Ich melde mich bei dir, sobald ich etwas Neues weiß... Immer noch interessiert?«

»Aber sicher.«

Rameau stand bereits, hatte den Mantel an und schluckte den letzten Rest Kaffee hinunter, als Paco von seinem Zimmer herunterkam und den Speisesaal betrat. Er sah, wie der Journalist Laure auf die Wange küsste, ihr etwas zumurmelte und dann den Raum verließ, ohne ihn zu beachten. Paco setzte sich an Laures Tisch, auf den Stuhl, der von Rameau noch warm war, und ließ den Kopf hängen, um seine Enttäuschung zu verbergen.

25

Der Speisesaal lag ruhig da, nur zwei Gäste waren noch anwesend. Mit mürrischem Gesicht riss Paco ein Mandelcroissant in kleine Stücke, die er lustlos verspeiste. Laure ihm gegenüber schwieg, war ganz vereinnahmt von der Liste, die Jean-Philippe ihr zurückgelassen hatte.

»Nicht zu müde?«, wagte der Fotograf zu fragen.

»Geht schon, danke.«

»Du konntest dich also trotz deiner turbulenten Nacht erholen…?«

Die Journalistin holte einen Block mit dem Emblem des Hotels aus ihrer Tasche und schrieb etwas darauf.

»Meine Nacht hätte nicht ruhiger sein können.«

»Dann musst du ja ganz schön enttäuscht sein.«

Seufzend hob die junge Frau den Kopf.

»Paco, ich tue jetzt mal so, als hätte ich nichts gehört. Es gibt Wichtigeres… Weißt du, was hier steht?«

»Nein«, murmelte der Fotograf.

Laure fasste rasch die letzten Ergebnisse der Ermittlungen für ihn zusammen.

»Na, wenn das alles ist?!«, rief Paco. »Etwa fünfzehn Gewürze!«

»Genau. Jean-Philippe ist heute Morgen vorbeigekommen, um mir die Liste persönlich zu überreichen. Diese Info war viel zu delikat, um sie per SMS zu verschicken...«

»Er ist heute Morgen hergekommen?«

»Ich habe das Gefühl, du bist mit dem falschen Fuß aufgestanden! Ich hol uns mal Kaffee.«

Während Laure ihre beiden Tassen füllte, schlich sich nach und nach ein Lächeln auf das Gesicht des Fotografen.

»Wie jetzt? Dank dieser Zutaten machen die Ermittlungen Fortschritte?«, fragte er endlich entspannter.

»Möglicherweise. Man hat Grund zur Annahme, dass der Mörder auch vom Fach ist. Vielleicht ein Konkurrent... Ich befürchte aber, dass man ihn nur schwer identifizieren kann...«

»Das ist sogar völlig unmöglich!«

»Nicht einfach, aber die Schnitzeljagd ist ziemlich interessant. Schau her, man hat zum Beispiel sehr viel Ingwer gefunden...«

»Und?«

»Den verwendet man in den unterschiedlichsten Küchen: in der japanischen, der chinesischen, der indischen, der thailändischen... Häufig auch in der Konditorei und in vielen anderen traditionsreichen Küchen...«

»Da kommt ganz schön was zusammen. Was hat man sonst noch gefunden?«

»Kümmel. Da denkt man an Gerichte vom Indischen Ozean, das geht einem als Erstes durch den Kopf, tatsächlich benutzt man ihn aber genauso im Gouda aus Holland wie im Couscous der marokkanischen Küche... Außerdem wurde auch ziemlich viel Safran verwendet...«

»Wie in der Paella! Safran habe ich meine ganze Kindheit über gesehen, er wurde in einem kleinen Topf über dem Herd aufbewahrt, und ich durfte ihn nicht anfassen.«

»Das wundert mich nicht: Safran ist schrecklich teuer! Man benutzt ihn aber auch in Zentralasien, Indien, im Iran und in arabischen Ländern. Dann haben sie noch Spuren von Paprikapulver nachgewiesen...«

»Das kenne ich auch! Das kommt in die Chorizo!«

»Stimmt, man verwendet es häufig in Spanien«, bestätigte Laure. Beim *lomo* – der Schweinelende, bei den marinierten Muscheln... Es ist aber auch eine der Zutaten im Gulasch, du weißt schon, dem ungarischen Gericht.«

»Noch nie gegessen, aber schon allein der Name verdirbt mir den Appetit.«

»Zu Unrecht: Ich gebe dir eine gute Adresse, sobald wir wieder in Paris sind...«

»Was ist da sonst noch in deinem Cocktail?«

»Muskatnuss. Damit würzt man die Béchamelsauce, das Gratin Dauphinois, die Quiche Lorraine... Sie ist also eher gebräuchlich, um nicht zu sagen gewöhnlich. Anscheinend kommt sie auch in irgendwelchen Softdrinks mit Cola vor...«

»Alles in allem musst du jetzt herausfinden, wer diese Zutaten alle gleichzeitig verwendet... Eine ziemlich harte Nuss!«

»Du hast es verstanden. Um es aber noch etwas schwieriger zu gestalten, habe ich nicht die genauen Proportionen... Siehst du hier, Nelken: Man verwendet nicht dieselbe Menge, um Lebkuchen, Eintopf, Sauerkraut, Currys, Biskuits oder irgendwelche afrikanischen Gerichte zuzubereiten...«

»Auch gut bei Zahnschmerzen! Bei meiner Großmutter musste ich die immer kauen...«

»Warte mal«, sagte Laure, holte ihren Block hervor, um einen Pfeil oben auf die Seite zu malen. »Gar nicht dumm, was du da sagst... Es gibt mehrere Gewürze, die auch in der Medizin verwendet werden... Was diese vier hier betrifft, da bin ich mir jedenfalls hundertprozentig sicher! Es sei denn...«

Laure behielt den Stift in der Hand, drehte die Seite um und malte sechs Spalten auf. Paco konnte auf dem Kopf nur die Überschriften der drei ersten lesen: Ingwer, Kümmel und Safran. Die anderen Zutaten verteilte die Journalistin auf die drei letzten Spalten, überprüfte dabei genau, was sie in die Liste eintrug, indem sie auf der Vorderseite nachsah. Sie versuchte alle möglichen Kombinationen, strich zwei Spalten durch, dann eine dritte, variierte und brachte neue Zusammenstellungen hervor, die sie für glaubhaft hielt. Sie führte diesen Vorgang mehrfach durch, um sich ganz sicher zu sein.

»Es sei denn was?«, fragte der Fotograf ungeduldig.

Laure starrte ihn sprachlos an:

»Komm mit!«

26

Laure war in die nächste Buchhandlung auf ihrem Weg geeilt und hatte dort einen Führer gekauft, erschienen im Verlag La Taillanderie, in dem »200 Innenhöfe und Traboules in den Straßen von Lyon« verzeichnet waren. Der Titel machte es bereits deutlich: Das Werk bot eine sorgfältige Auflistung der mehr oder weniger geheimen Passagen der Stadt. Ausgeschmückt mit Fotos, Kartenauszügen, Kommentaren und Annotationen konnte man sich damit sehr leicht zurechtfinden.

Mit dem Buch in der einen Hand und einem Stadtplan in der anderen lief die Journalistin im Stechschritt zur Passerelle du Palais de Justice. Paco schnaufte, atmete stoßweise, sein Gesicht war schweißnass, und er wirkte gequält. Er bat sie, langsamer zu gehen. Sie erklärte sich damit einverstanden und nutzte die Zeit, um ihm eine kurze Einführung in die Traboules zu geben, diese privaten Gänge, die den ungewöhnlichen Charme von Lyon ausmachen. In der Renaissance habe man diese Durchgänge aus Platzgründen, zur Zeit der Seidenweber von Croix-Rousse, die ihre Seidenrollen von einem Gebäude zum anderen trugen, aus Bequemlichkeit errichtet. Paco stellte einige Fragen, insbesondere als er von der Bedeutung der Traboules während des Zweiten Weltkriegs erfuhr. Die Deutschen wurden in diesem unentwirrbaren Labyrinth bald wahnsinnig, denn der Widerstand nutzte sie häufig als Abkürzung, zur Kontaktaufnahme oder um Briefe zu hinterlegen.

Angekommen an der Rive Droite, gingen die Journalistin und der Fotograf am Ufer entlang und blieben bei der Hausnummer 10, ganz in der Nähe des *Cèdre Bleu* stehen, eines libanesischen Restaurants unweit des Ladens der Geigenbauer Boch & Pick.

»Hat dein Handy eine integrierte Stoppuhr?«, fragte Laure.

»Ja.«

»Kannst du den bedienen?«

»Klar doch!«

Paco holte sein Telefon aus der Tasche und suchte die kleine Uhr mit dem roten Knopf im Menü.

»Okay, ich bin so weit!«

»Ich gehe voraus und öffne die Türen, und du zeichnest einfach nur auf, wie lange wir brauchen.«

»¡*Adelante!* Du kannst loslegen!«

Es ging schnell, man musste einfach nur einem langen Gang über raue Pflastersteine folgen. Dann nach links abbiegen, nach etwa fünfzehn Metern eine Steintreppe mit zehn Stufen nehmen, ein paar Schritte durch einen Hausflur gehen, dann erneut eine Treppe nehmen, um wieder in einen Gang zu gelangen, der geradewegs zu der Absperrung bei der Place du Gouvernement führte.

»Stop...! Wie lange?«

»Zweiunddreißig Sekunden!«

»Wir überqueren den Platz, gehen zur gegenüberliegenden Seite und bleiben an der nächsten Tür stehen.«

Laure ging mit schnellem Schritt bis zur Hausnummer 10 der Rue Saint-Jean, gleich neben einem Bouchon mit Namen *Les Chandelles,* und blieb plötzlich vor einer schweren Holztür stehen.

»Wie lange?«

»Dreizehn Sekunden!«

»Perfekt. Jetzt machen wir dasselbe noch mal bei diesem Gebäude.«

Paco hatte das Handy noch immer in der Hand. Konzentriert folgte er Laure durch einen dunklen Gang, der in der Mitte einen kleinen Schlenker machte, bis zur Place du Petit-Collège zwischen der Rue du Bœuf und der Rue de Gadagne.

»Stop...! Wie lange?«

»Einundzwanzig Sekunden!«

»Wenn man das alles zusammenzählt, dann ergibt das...?«

Ungläubig starrte der Fotograf sie an.

»Jetzt hilf mir doch, Paco! Ich bin schlecht im Kopfrechnen!«

»Also, das ist einfach, zweiunddreißig plus dreizehn plus einundzwanzig, das ergibt sechsundsechzig Sekunden. Also eine Minute und sechs Sekunden.«

Laure legte den Zeigefinger an die verschlossenen Lippen, ihre Stirn war sorgenvoll gerunzelt, ihre Augen fast ganz geschlossen.

»Jetzt gehen wir denselben Weg zurück«, bestimmte sie und legte die Hand auf den Türgriff aus Messing, bereit, sofort loszugehen.

»Bist du dir sicher?«

»Absolut! Aber dieses Mal bleiben wir nicht an dem kleinen Platz stehen... wir gehen direkt zum Ufer weiter.«

Der Weg wurde in einer Minute und zwei Sekunden zurückgelegt.

»Das ist ganz normal, Paco. Wir sind den Weg bereits einmal entlanggegangen, haben also weniger gezögert. Das ist kaum wahrnehmbar, aber genau das kann den Unterschied ausmachen... Das ist ein sehr wichtiger Punkt... Jemand, der den Weg gut, um nicht zu sagen, sehr gut kennt, kann den Weg in weniger als einer Minute zurücklegen, da bin ich mir sicher!«

»Ja, das ist machbar... Würdest du mir das jetzt erklären?«

»Ich muss noch eine weitere Sache klären. Wenn man zum selben Ort gelangen will, ohne die Traboules zu nutzen, muss man um den Häuserblock herum und zum Museum Gadagne hinaufgehen... Ich habe mir den kürzesten Weg auf dem Plan herausgesucht... Den gehen wir jetzt eher flott, und du stoppst die Zeit.«

Zügig gingen sie am Ufer entlang bis zur Rue de la Baleine, wo sie abbogen, um zum Platz mit demselben Namen zu gelangen, ehe sie nach rechts in die Rue Saint-Jean abbogen, aus der sie gleich darauf wieder nach links in die Petite Rue Tramassac abschwenkten. Nach zwei Minuten waren sie an der Place du Petit-Collège.

»Genau?«, wunderte sich Laure.

»Zwei Minuten und drei Sekunden, aber so pingelig brauchst du nicht zu sein!«

»Okay, sagen wir also, man braucht etwa zwei Minuten, wenn man den normalen Weg nimmt und zügig geht«, räumte die Journalistin ein, ganz aufgeregt über ihre eigene Schlussfolgerung.

»Würdest du es mir jetzt mal erklären?«

»Also doppelt so lange. Vier Minuten statt zwei… Sei mir nicht böse, Paco, aber wenn ich dir sage, weshalb wir das Ganze hier machen, dann hältst du mich für durchgeknallt!«

27

In regelmäßigen Abständen ließ eine Männerstimme mit weiblichem Akzent und monotonem Tonfall ihre Litanei durch die Lautsprecher des Waggons Nr. 2 erklingen: *Wir möchten Sie daran erinnern, dass wir im Bordbistro eine große Auswahl an Speisen für Sie bereitstehen haben... Warme Gerichte, warme und kalte Sandwiches, Risotto, ausgewogene und schmackhafte Salate, Desserts... und natürlich auch verschiedene heiße und kalte Getränke!*

»Vielen Dank, Paco. Das ist nett. Was hast du dir genommen? Ich nehme nicht an, dass sie Kutteln hatten, oder?«

»Leider nicht! Ich musste mich mit einem abgepackten Sandwich zufriedengeben«, teilte er ihr mit und kaute an zwei Scheiben weichem, feuchtem Toastbrot mit undefinierbarem Belag.

Die Journalistin sah ihm mitfühlend beim Kauen zu und wartete, bis er seinen Bissen hinuntergeschluckt hatte, ehe sie ein Gespräch anfing.

»Entschuldige die Verspätung, Paco, ich habe mich beeilt, so gut es ging... Ich hatte Angst, den Zug zu verpassen, und wollte dich vorwarnen... Aber ganz ehrlich, ich hätte nicht gedacht, dass es so lange dauert...«

»Mir kam es für eine Verabschiedung eher schnell vor, sogar ziemlich kühl... Zumindest das, was ich gesehen habe. Dabei gibt es doch nichts Romantischeres als einen Bahnsteig...«

»Ich bin dir eine Erklärung schuldig... Seit heute Morgen zerbreche ich mir unablässig den Kopf. Ich habe alle Möglichkeiten immer wieder durchgespielt und bin zu ziemlich unschönen Ergebnissen gekommen... Vielmehr zu Verdachtsmomenten, die mich nicht mehr loslassen... Vielleicht täusche ich mich. Das hoffe ich im Übrigen sogar... Aber ich konnte nicht abfahren, ohne mit Jean-Philippe gesprochen zu haben. Da er diese Geschichte von Anfang an mitverfolgt, dachte ich, ich müsste ihm unbedingt sagen, wohin mich meine Rückschlüsse geführt haben...«

»Das ist... sehr professionell von dir!«, spöttelte Paco. »Und was hast du entdeckt?«

»Ich habe mich an ein Spiel der Schlussfolgerungen gemacht, das beim Frühstück mit der Liste anfing, die wir uns zusammen angesehen haben.«

»Und?«

»Es fällt mir schwer, es zuzugeben, aber es ist ganz offenkundig geworden: Die Spur der Gewürze hat mich zu Cécile geführt.«

»Zur Schwester von Thévenay?«

Der Fotograf verarbeitete diesen Schock und warf sein restliches Sandwich in den engen Metallmüllbehälter zu seinen Füßen.

»Moment mal, das glaub ich jetzt nicht... Wir sprechen schon von der Cécile, bei der wir am Abend des Fußballspiels zum Essen waren?«

Der Fotograf nahm einen Schluck Mineralwasser, weil er durstig war und den salzigen Geschmack, der seinen Mund verklebte, loswerden wollte. Ein Schinken schlechter Qualität, eine Gewürzgurke mit zu viel Essig, ein degeneriertes Salatblatt, eine Mayonnaise voller gentechnisch modifizierter Organismen zwischen zwei Scheiben Styropor: Er bedauerte, dem verlockenden Foto erlegen zu sein, das auf dem Prospekt des Bordbistros prangte.

»Genau! Heute Morgen hast du etwas gesagt, was mich darauf gebracht hat... Du hast von ›Cocktail‹ gesprochen. Also habe ich mir die Liste der Gewürze unter einem anderen Aspekt angesehen, versucht herauszufinden, welche Zusammenstellungen damit möglich waren. Vor einigen Gewürzen stand ein ›Plus‹. Alles war also eine Frage der Proportionen... Und da hat es dann klick gemacht. Ich weiß nicht, warum ich nicht früher daran gedacht habe, aber mit einem Mal war es ganz klar: Nur das Ras el-Hanout entspricht einer solchen Mischung. Zumindest das Ras el-Hanout, das man im Supermarkt findet... und dann war da noch Curry, eine weitere Gewürzmischung... Und da musste ich an die Tajine von Cécile denken... Da war welches drin, daran besteht kein Zweifel, ebenso Ingwer, Kümmel und Safran.«

Paco war beeindruckt, blieb aber skeptisch.

»Schöne Schlussfolgerung, aber ist das nicht ein bisschen wenig... Das beweist noch nicht, dass Cécile eine Serienkillerin ist!«

»Du hast recht... Zusätzliche Elemente: Die Analysen der Kriminalpolizei haben auch Spuren von Stärke ergeben. Und im Gemüse der Tajine waren auch...«

»... Kartoffeln«, sagte Paco, der sich das Abendessen in Erinnerung rief.

»Genau! Außerdem wurden pflanzliche Fasern gefunden. Ich nehme an, dass es Fasern von Zucchini oder Karotten waren... und dann tierisches Blut...«

»Das Lamm!«

»Das alles wurde auf der Kleidung des Opfers gefunden... genau wie auf der Hose von Cécile, nach deiner bescheuerten Einlage als Kellner.«

Paco ging den Moment in der Küche noch einmal gedanklich durch, seine übertriebene Begeisterung bei der Aussicht, das Spiel zu sehen, das übermächtige Gefühl der Beschämung nach dem Zwischenfall, den finsteren Blick von Cécile, den er einem Anflug von Wut zugeschrieben hatte oder wenigstens der Enttäuschung, eine Tonschüssel wegwerfen zu müssen, an der sie bestimmt hing.

»Deiner Meinung nach wurde Chevrion also von den Saucenresten auf Céciles Hose befleckt, als sie ihn... umgebracht hat und er versuchte, sich zu verteidigen...«

»Das wäre eine Möglichkeit.«

Paco war noch immer nicht überzeugt und stürzte sich auf ein Päckchen Kekse, das er auch Laure anbot. Diese lehnte höflich ab: Ihr Tee reichte ihr.

»Jetzt verstehe ich deine Argumentation zu den Gewürzen, aber es gibt eine Sache, die in deiner Geschichte nicht passt: Cécile hat den ganzen Abend mit uns verbracht. Sie konnte nicht gleichzeitig an zwei verschiedenen Orten sein.«

»Natürlich nicht, aber ein Detail hat mir die Augen geöffnet. Ist dir bei ihrem Nachtisch nichts aufgefallen?«

»Er war hervorragend.«

»Er war gut, ist ihr aber zum Teil missglückt: Die aus Spekulatius bestehende Keksschicht war durchweicht...«

Pacos Unverständnis war ihm im Gesicht abzulesen. Laure führte ihren Gedanken aus:

»Das hätte nicht der Fall sein dürfen! Das kann nur eines bedeuten: Die Kekse haben sich über mehrere Stunden mit der Mokkamousse vollgesaugt.«

»Ich sehe noch immer nicht, inwiefern das etwas ändern soll.«

»Erinnere dich: Cécile hat uns gebeten, sie eine Viertelstunde allein zu lassen, damit sie den Nachtisch zubereiten kann. Und genau dann hätte sie die Mousse aus dem Kühlschrank nehmen, die Schalen befüllen und die Masse aus Spekulatius verteilen müssen...«

»Du glaubst, das hat sie nicht gemacht?«

»Eine Sache weiß ich ganz sicher: Aufgrund der Konsistenz der Keksmasse, die eigentlich knusprig hätte sein müssen, ist der Nachtisch vorbereitet worden, ehe wir zu Tisch gingen. Die Frage lautet also: Was hat Cécile während dieser fünfzehn Minuten gemacht?«

Der Fotograf schaute zu, wie Laure den Plastikbecher mit Eistee nervös an ihre Lippen führte und trank. Die Schlussfolgerungen, zu denen sie kam, schmerzten sie ganz offensichtlich.

»Gleichzeitig ist das ziemlich wenig Zeit, eine Viertelstunde«, bemerkte er.

»Es sei denn...«

»...man nimmt die Schleichwege! Hast du mich deshalb die Zeit für den Weg durch die Traboules stoppen lassen?«

»Ich habe dank Jean-Philippe daran gedacht. Erinnerst du dich, als ich mich mit ihm getroffen habe, nach unserer Rückkehr aus Bourg-en-Bresse?«

»Ich erinnere mich sehr gut.«

»Ich war überrascht, dass er so schnell auftauchte, und verstanden habe ich es erst, nachdem wir durch die zwei Traboules gegangen waren. Als ich den Führer konsultierte, habe ich nach der Traboule gesucht, die dem Gebäude, in dem Cécile wohnt, am nächsten ist. Dank dieser Abkürzungen hatte sie tatsächlich die Zeit, ihre Wohnung zu verlassen, Chevrion umzubringen, zurückzukommen und uns den Nachtisch zu servieren...«

»...wobei sie die Hymne auf Juninho sang, eine Träne im Augenwinkel, ich erinnere mich... Aber ganz ehrlich, ich glaube nicht an deine Theorie. Nur weil Cécile uns eine Tajine mit Ras el-Hanout zubereitet hat, ist sie noch lange nicht verdächtig... Außerdem konnte sie die beiden ersten Morde nicht verüben: An dem Abend, als ihr Bruder starb, war sie mit ihrem Mann bei Freunden, und tags darauf, als

Mandrin ermordet wurde, waren sie in der Oper und saßen drei, vier Stunden auf ihren Plätzen... Das ist nicht schlüssig! Was sagt denn dein Rameau dazu?«

»Er hat sich Notizen gemacht. Er hat mir geraten, mit der Polizei zu sprechen, aber ich konnte mich nicht dazu entschließen... Eine Freundin verdächtigen und gegen sie aussagen, das geht über meine Kräfte... Jean-Philippe hat nicht weiter gedrängt, er versteht das, er wusste selbst nicht, was am besten getan werden sollte...«

»Ach nein, Monsieur konnte nichts dazu sagen?«

»Doch... er hat mir einfach gesagt, ich sei schön, wenn ich mir Sorgen mache.«

28

Das Dossier über die Bouchons in Lyon entsprach den hohen Anforderungen von Laure Grenadier. Sie sah sich das Layout durch, achtete auf die kleinsten Details, schätzte die grundsätzliche Ausgewogenheit der Zusammensetzung, Pacos pointierten Blick und die einwandfreie Abbildung seiner Abzüge, ohne die Originalität des Zierstreifens zu vergessen, der von ihrer Redaktionsassistentin entworfen und konzipiert worden war, die neben ihrem Schreibtisch stand und das Durchblättern der Seiten im Stehen verfolgte. Bis hin zum Komma hatte sie alles in diesem Dossier kontrolliert, mit einer Pingeligkeit, die manchmal an ihrem psychologischen Gleichgewicht zweifeln ließ, und so wartete Daphnée ganz unbesorgt die Freigabe des Dokuments ab.

»Das kann für die Imprimatur freigegeben werden«, bestätigte Laure. »Ab damit. Und bravo! Super Arbeit.«

»Ja, ist gar nicht mal so schlecht geworden, finde ich«, spöttelte die Redaktionsassistentin, die ganz schamhaft auf Komplimente reagierte.

»Wir haben noch vier Tage vor Redaktionsschluss. Fast könnte man sagen, wir sind etwas verfrüht dran!«

»Vor allem dann, wenn du mir dein Editorial vor Ablauf der Woche gibst!«

Laure steckte diesen Seitenhieb ein, der durchaus berechtigt war, da sie die Frist für ihre Seite bereits mehrfach bis zum Äußersten ausgereizt hatte.

»Ich setze mich morgen dran, versprochen.«

»Super! Abgesehen davon habe ich dir einen ziemlich guten Artikel von einem freien Journalisten weitergeleitet. Er hat lange bei den Cidre-Produzenten in der Normandie recherchiert. Er hätte uns den Artikel schon früher schicken sollen, ihm war es aber wichtig, noch ein paar Dinge zu überprüfen ... Sag du mir, was wir damit machen sollen ...«

»Den behältst du mal in der Hinterhand ... Ich habe mir nämlich gedacht, das nächste Dossier könnten wir über das Calvados machen. Da kommt dieser Artikel wie gerufen.«

Daphnée verließ das Büro und Laure begann ihre Mails zu checken und diese rasch zu sortieren. Dabei stieß sie auf eine Nachricht, mit der sie nun wirklich nicht gerechnet hatte:

Meine liebe Laure,
es war mir unmöglich, dir nicht als Erste von meinem Artikel zu »unserer Geschichte« zu erzählen. Ohne deine Hilfe wären die Ermittlungen noch nicht abgeschlossen, und zwar noch lange nicht. Vergiss nicht, dass du mir ein zweites Abendessen bei La Mère Brazier *schuldest, und wenn du*

zurückkommst, dann melde dich, sobald du in Lyon eingetroffen bist.

Liebe Grüße, J.-P.

29

»SKANDAL UM DIE BOUCHONS«
Einem Serienmörder wird der Garaus gemacht
Von Jean-Philippe Rameau

Die Ermittler der Kriminalpolizei haben herausgefunden, dass der gesuchte Mörder von Jérôme Thévenay, Gilles Mandrin und Éric Chevrion niemals existierte. Hinter dieser Fassade versteckten sich tatsächlich drei Mörder oder vielmehr drei Mörderinnen.

Véronique Lafargeau, geborene Mandrin, war bislang eine gewöhnliche Hausfrau und Mutter. Ihre Nachbarn lobten die gute Erziehung, die sie ihren Kindern zuteilwerden ließ, und wie tatkräftig sie ihren Mann in der Buchhaltung seines Eisenwarengeschäfts bisweilen unterstützte.

Nathalie Chevrion, genannt »die Sozialarbeiterin mit dem großen Herz«, genoss mit ihrem Lebensgefährten, einem Techniker in einem petrochemischen Unternehmen in Villeurbanne, und ihrer gemeinsamen Tochter, einer unproblematischen fünfzehnjährigen Gymnasiastin, ein angenehmes Leben.

Was Cécile Frangier, geborene Thévenay, betrifft, so hatten sie und ihr Mann dem alten Schneidwarenladen in der Rue Grenette, den sie in eine Boutique für Tischkultur verwandelt hatten und der von spezialisierten Zeitschriften empfohlen wurde, zu neuem Schwung verholfen.

Drei scheinbar unauffällige Frauen, die der Überzeugung waren, dasselbe Schicksal erlitten zu haben: jenes, ihren Bruder das jeweilige Familienrestaurant übernehmen zu sehen, das eine waschechte »Mère« Jahrzehnte zuvor gegründet hatte. Ausgeschlossen vom Erbe aus Gründen, die sie als chauvinistische Vorurteile erachteten, nährten sie zunächst Bitterkeit, dann Hass, der mit der Zeit wuchs, bis sich in ihren Augen eine Lösung aufdrängte: sich Gerechtigkeit verschaffen und die Leitung übernehmen. Selbst wenn sie dafür ihre Hände mit Blut befleckten.

Eine makabre Vorgehensweise

Um alle Verdächtigungen abzuwenden, wurde geschickt ein teuflischer Plan ausgearbeitet. Die Idee kam auf, die drei Brüder innerhalb eines kurzen Zeitraums zu töten und diese Morde als das Werk eines Serienmörders hinzustellen. Eine originelle Vorgehensweise musste gefunden werden, die als Signatur des Mörders durchging und keine allzu große körperliche Kraft verlangte. Man einigte sich auf ein Prozedere: das Restaurant zum Zeitpunkt der

Schließung betreten, wenn die Angestellten gegangen waren und der Chef die Kasse machte, vorgeben, ein Freund habe einen Schal oder Handschuhe vergessen, den Chef von hinten mit einem Nudelholz niederschlagen, ihn mit Paketschnur fesseln, ihm einen Müllsack über den Kopf stülpen, diesen um den Hals zuschnüren und einen Raubüberfall simulieren.

Die einzige verbleibende Schwierigkeit: Jemanden von der eigenen Familie umbringen, jemanden, mit dem man nichtsdestotrotz aufgewachsen war. Doch auch hierbei bewiesen die drei Leidensgenossinnen Spitzfindigkeit. Jede sollte den Bruder einer anderen töten. Véronique Lafargeau-Mandrin machte den Anfang mit dem Ersticken von Jérôme Thévenay, Nathalie Chevrion tat es ihr mit Gilles Mandrin gleich, und Cécile Frangier-Thévenay beendete diesen morbiden Reigen mit der Ermordung von Éric Chevrion. Ein weiterer Vorteil dieser Verbrechen via Mittelsmann: Sie erlaubten der Schwester eines jeden Opfers, sich ein unwiderlegbares Alibi für den Mordabend zu beschaffen, da sie es nicht selbst beging. Die von der Polizei geführten Ermittlungen konnten nächste Familienangehörige in der Tat schnell ausschließen, da ihre Anwesenheit abseits des Tatorts jedes Mal von zahlreichen Zeugen bestätigt wurde.

Die eine Zutat zu viel

Alles verlief nach Plan, bis Cécile Frangier einen Fehler beging, der sich als fatal herausstellen sollte. Sie ging mit einer Hose ins *Vieux Fagots*, die sie soeben mit einer Sauce aus Gewürzen bekleckert hatte, die sich nicht in der Küche des Restaurants befanden.

Während ihrer Befragung erklärte Cécile Frangier, sie habe nach dem zweiten Mord einen Rückzieher machen wollen. Die Konfrontation mit der Wirklichkeit des Todes und den Routineermittlungen der Polizei hätten ihre Entschlossenheit ins Wanken gebracht. Allerdings hätten ihre beiden Komplizinnen Druck auf sie ausgeübt, die ihren Teil der Abmachung eingehalten hätten und somit von ihr erwarteten, dass sie es ebenfalls zu Ende bringe. Ihre Verunsicherung habe Cécile Frangier umsichtiger handeln und die Bedingungen zur Umsetzung der Tat stärker überwachen lassen. Die Wahl des Abends der Fußballübertragung zu Ehren von Juninho, die Gewissheit, dass der Chef des *Vieux Fagots*, wie viele andere Wirte, um halb elf schließen würde, um den für 23 Uhr vorgesehenen Anstoß zu sehen, die Traboules, die sich in unmittelbarer Nähe ihrer Wohnung befanden, all diese Elemente erlaubten es ihr, sich ein Alibi zu beschaffen. Sie hatte Freunde zum Abendessen eingeladen, also musste sie nur noch vorgeben, eine Viertelstunde zur Vorbereitung des Nachtischs zu benötigen – der allerdings schon seit einigen Stunden fertig war –, damit sie in diesem Zeitraum einen Schlusspunkt hinter das blutige Szenario setzen konnte, das sich die Enkelinnen der Mères ausgedacht hatten.

Nach der anderen Vorgehensweise befragt, erläuterte Cécile Frangier den Polizisten, sie habe, verängstigt von der Vorstellung, einen Mord zu begehen, der noch dazu in wenig gewöhnlichen Umständen stattfinden sollte, und entnervt durch die Ungeschicklichkeit eines Gastes, der eine Schüssel ihrer anderen Großmutter zerbrochen habe, die Beherrschung verloren. In dem Moment, als sie sich unbemerkt ins *Vieux Fagots* geschlichen habe, habe sie ohne Handschuhe nach der Schnur und dem Müllsack gegriffen, mit denen sie Éric Chevrion umbringen wollte. Da sie fürchtete, mit diesen Gegenständen DNA-Spuren beim Opfer zu hinterlassen, sei sie auf das ausgewichen, was in der Küche griffbereit war: Bratenschnur und ein Gefrierbeutel.

Tatsächlich hätte nur wenig gefehlt, um diesen traurigen Vorfall niemals aufzuklären. Es gebührt sich diesbezüglich, den entscheidenden Beitrag unserer Kollegin Laure Grenadier zu erwähnen, der talentierten Chefredakteurin von *Plaisirs de table*, deren Kompetenzen und exquisiter Gaumen es den Ermittlern erlaubte, die Spur bis zu den Kriminellen zurückzuverfolgen. Deshalb möchten wir diese Zeilen auch nutzen, Ihnen die Lektüre der Dezemberausgabe dieser exzellenten Gastronomiezeitschrift zu empfehlen, deren Dossier in diesem Monat den Bouchons von Lyon gewidmet ist und den drei verstorbenen Enkeln unserer lieben Mères eine gelungene und ergreifende Hommage erweist.

Glossar

assiette de tripes – ein Teller Kutteln

bouchon – typische Gaststätte in Lyon mit einfacher, authentischer Küche

boudin blanc au foie gras – Geflügelwurst an Gänsestopfleber

caillettes aux épinards – Spinat-Fleisch-Knödel im Schweinenetz

cake aux oreilles de cochon avec sa vinaigrette aux fruits du mendiant – Terrine aus Schweineohren an Vinaigrette aus getrockneten Früchten

cardons à la moelle – Kardonen-Gemüse (artischockenartig) mit Markknochen

cassolette de quenelles de brochet sauce Nantua aux écrevisses – Pfännchen mit Hechtklößchen in einer Sauce Nantua an Flusskrebsen

cervelas pistaché en brioche – Cervelatwurst mit Pistazien in Hefeteig

cervelas pistaché aux morilles – mit Pistazien und Morcheln gespickte Cervelatwurst

cervelles de canut – Dip aus Quark und Ziegenkäse mit Schnittlauch, wird mit geröstetem Brot gereicht

Club des Cent – ein 1912 gegründeter Verein, der sich der französischen Gastronomie widmet

croustille de boudin aux pommes – gebackene Blutwurst auf Apfelbett serviert

dos de chevreuil rôti avec salsifis braisés et millefeuille de légumes oubliés au jus de noisette – Rehbraten mit geschmorten Schwarzwurzeln und Blätterteigauflauf mit Wurzelgemüse an Haselnusssauce

foie de veau en persillade – Kalbsleber in Kräutersauce

fondant aux châtaignes – Esskastanien-Fondant

fonds d'artichaut au foie gras – Artischockenherzen an Gänsestopfleber

gargouillou aux poires – versunkener Birnenkuchen

gâteau de foies de volaille – Geflügellebersoufflé

grattons – frittierte Fleischstücke

grillade des mariniers du Rhône – Grillplatte der Rhône-Fischer, bestehend aus Schulterstücken vom Rind

Guide Michelin – ein Hotel- und Reiseführer mit Restaurantempfehlungen, die mit den Michelin-Sternen bewertet werden

Guide rouge – Synonym für den *Guide Michelin*, der aufgrund seines roten Umschlags auch so genannt wird

jambon persillé au beaujolais – Petersilienschinkenterrine an Beaujolais

jésus – Spezialität aus Lyon, Dauerwurst vom Schwein von etwa 5-6 Kilo, ursprünglich nur zur Weihnachtszeit produziert, unterscheidet sich von der *rosette* nur im Gewicht

joue de porc en colombo – geschmorte Schweinebäckchen

maquereau glacé au vin blanc – mit Weißwein abgelöschte Makrele

meilleur ouvrier de France – »Bester Handwerker Frankreichs«, dieser Titel wird alle vier Jahre an herausragende Vertreter verschiedener Handwerke vergeben

mousseline de brochet, homard et petits légumes, jus de carapaces à l'absinthe – Püree vom Hecht, Hummer mit buntem Gemüse an Absinth-Krustentiersauce

œufs à la neige – Schnee-Eier

œufs cocotte aux écrevisses – Ofen-Eier mit Gambas

pâté en croûte Richelieu – Pastete vom Schwein und vom Kalb im Teigmantel

pâté en croute au ris de veau et foie gras – Pastete aus Kalbsbries und Gänsestopfleber im Teigmantel

pied de cochon désossé en crépinette – ausgebeinte Haxe vom Schwein im Fettnetz

poularde demi-deuil – mit Trüffelscheiben gespickte Poularde

poulet au vinaigre – Huhn an Essig

pressé de foie gras avec crème de cacao et poire pochée à la cardamome – Gänsestopfleber mit Kakaocreme und pochierter Kardamom-Birne

quenelles de brochet aux écrevisses – Hechtklößchen an Flusskrebsen

rigotte de vache – zylinderförmiger Käse aus Kuhmilch

rognons de veau crémés aux épinards – Kalbsnierchen an Rahm auf Spinatbett

rosette – Spezialität aus Lyon, Dauerwurst vom Schwein von etwa 1–2 Kilo, siehe auch *jésus*

sabodet braisé au vin rouge – in Rotwein abgelöschte Wurst vom Schwein

saint-jacques en noir et blanc, chorizo et encre de seiche, accompagnées d'une purée safranée et de champignons – Jakobsmuscheln an Trüffeln und Crème fraîche, Chorizo mit Sepiatinte, begleitet von einem mit Safran parfümierten Püree und Pilzen

saint-marcellin fermier – Saint-Marcellin-Käse aus roher Ziegenmilch

salade de lentilles et cervelas – Linsensalat mit Cervelatwurst

salade de museau – Ochsenmaulsalat

tablier de sapeur – frittierte Innereien

tarte au potiron – Kürbistarte

terrine de queue de bœuf – Ochsenschwanzterrine

tête de veau sauce ravigote – Kalbskopf in Kapern-Kräuter-Vinaigrette

tête de veau sauce gribiche – Kalbskopf an Kapern-Kräuter-Mayonnaise

Touring Club de France – Verband, der zwischen 1890 und 1983 aktiv war und sich um die Belange des Tourismus in Frankreich kümmerte

traboules – Gänge und Passagen zwischen Häusern, die den Durchgang von einer Straße zu einer anderen ermöglichen

tripes à la lyonnaise – Kutteln nach Lyoner Art

Claudie Gallay

Die Brandungswelle
Roman

557 Seiten, btb 74313

Der Bestseller aus Frankreich

Ausgezeichnet mit dem Grand Prix de Elle

La Hague im Nordwesten der Normandie: Nur wenige wohnen hier, am Ende der Welt, am Meer, dort, wo die Menschen ebenso schroff sind wie die Natur und das Leben vom Wind, vom Wetter, von den Gezeiten bestimmt wird – bis eines Tages Lambert auftaucht.
Fremde, die hier länger bleiben, gibt es selten. Aber Lambert ist nicht wirklich fremd, irgendwie gehört er dazu. Vor 40 Jahren starben seine Eltern und sein Bruder bei einem Bootsunglück. Nun ist er zurückgekommen, um das Unglück von damals aufzuklären. Und allmählich bröckelt die Wand des Schweigens, hinter der jeder Dorfbewohner ein Geheimnis zu verbergen scheint …

»557 Seiten, aber keine zuviel.«
Christine Westermann

»Ein durch und durch sinnliches Buch.«
NDR

btb

Claudie Gallay
Die Liebe ist eine Insel
Roman

416 Seiten, Broschur
btb 74471

Ein Sommer voller Geheimnisse

Avignon im Sommer: Zum weltberühmten Theaterfestival im Schatten des Papstpalastes reisen Tausende von Besuchern an. Unter ihnen ist die junge Marie. Auf dem Festival soll das Stück ihres Bruders Paul, der unter mysteriösen Umständen ums Leben kam, aufgeführt werden. Nur ein einziges Mal will sie sein Vermächtnis auf der Bühne sehen. Auch die gefeierte Schauspielerin Mathilde kommt in die Stadt. Niemand ahnt, dass Pauls Theaterstück für sie eine ganz besondere Bedeutung hat. Und während die sommerliche Hitze die Stadt fest im Griff hat, zeigt sich, dass sie alle Teil eines tragischen Geheimnisses sind, das sich um dieses letzte Werk des unglückseligen Autors rankt.

»Liebe, Leidenschaft und das Theater – eine explosive Mischung.«
Le Point

Anne B. Ragde

Die Nummer-1-Bestseller-Serie aus Norwegen!

Ein Schweinezüchter, ein Dekorateur, ein Bestattungsunternehmer. Was haben die drei gemeinsam? Nichts – außer einer Mutter, die im Sterben liegt. Und einem Vater, der endlich reinen Tisch machen will ...

Eine furiose Familiensaga aus Skandinavien.

Das Lügenhaus
Roman, 336 Seiten, btb 73868

Einsiedlerkrebse
Roman, 336 Seiten, btb 74022

Hitzewelle
Roman, 320 Seiten, btb 74161

»Nach dem Rezept für einen Bestseller gefragt, hat die Norwegerin Anne B. Ragde gesagt: ›Du darfst auf keinen Fall über drei Brüder auf einem Schweinzüchterhof in einem Kaff bei Trondheim schreiben.‹ Sie hat gelogen.«
Brigitte

btb